21世纪经济管理新形态教材·公共基础课系列

大学生毕业论文写作
从快速入门到融会贯通

丁 斌 ◎ 著

清华大学出版社
北京

内 容 简 介

毕业论文（设计）是大学生研究成果的结晶。本书针对理科、人文社科、工程技术和管理四类专业，运用大量浅显易懂的案例，详细介绍如何进行论文选题、开题报告撰写、逻辑结构设计、正文写作和规范化，重点讨论了7种类型的论文结构：建模类、实验类、质性研究类、实证类、毕业设计、专题研究型、调查报告与实践报告。

思想性、研究性、全面性、简洁性和启发性，是本书的特色。本书不仅适合大学本科、职业学院的学生，还适合作为学术型硕士研究生的论文写作指导。

本书封面贴有清华大学出版社防伪标签，无标签者不得销售。
版权所有，侵权必究。举报: 010-62782989, beiqinquan@tup.tsinghua.edu.cn。

图书在版编目（CIP）数据

大学生毕业论文写作: 从快速入门到融会贯通 / 丁斌著. —北京: 清华大学出版社，2023.8
（2025.1重印）
21世纪经济管理新形态教材. 公共基础课系列
ISBN 978-7-302-62495-0

Ⅰ. ①大… Ⅱ. ①丁… Ⅲ. ①毕业论文—写作—高等学校—教材 Ⅳ. ① G642.477

中国国家版本馆 CIP 数据核字（2023）第 021868 号

责任编辑: 徐永杰
封面设计: 汉风唐韵
责任校对: 王荣静
责任印制: 杨 艳

出版发行: 清华大学出版社
    网　　址: https://www.tup.com.cn, https://www.wqxuetang.com
    地　　址: 北京清华大学学研大厦A座　　邮　编: 100084
    社 总 机: 010-83470000　　邮　购: 010-62786544
    投稿与读者服务: 010-62776969, c-service@tup.tsinghua.edu.cn
    质量反馈: 010-62772015, zhiliang@tup.tsinghua.edu.cn
印 装 者: 三河市龙大印装有限公司
经　　销: 全国新华书店
开　　本: 185mm×260mm　　印 张: 13　　字 数: 221千字
版　　次: 2023年8月第1版　　印 次: 2025年1月第4次印刷
定　　价: 48.00元

产品编号: 099261-01

前　言

毕业论文（含毕业设计，下同）是对大学生学习成果的检验。论文研究与写作过程，对于学生理论联系实际、提高综合能力很有帮助。近年来，教育部越来越重视毕业生的论文质量，把论文质量作为评估、考核学校的重要依据。如何提高论文质量，是教育部、学校和学生最为关注的问题之一。

大学生进行论文写作：首先，要树立正确的政治理念，内容体现社会主义核心价值观，体现党的二十大精神；其次，选题要紧密围绕经济建设过程中面临的各种问题，助力中国特色社会主义现代化建设；再次，在分析问题、解决问题的过程中，要体现创新精神、社会责任、科学精神等内容；最后，要防止论文中出现任何有悖法律法规、政策的内容，传递正能量。

提起毕业论文，大部分学生都感到头疼：学校和导师要求很严格，但自己不知道如何选题、怎么写，也不知道怎么才算好论文。导师也很头疼：学生越招越多、不知道如何指导、学生不愿意投入、论文错误百出。这些问题，总结起来有三个方面。

（1）缺乏毕业论文的写作标准。学校发给老师和学生的要求，往往注重内容组成、格式规范等形式，而忽视对论文内在质量的把握。

（2）缺少研究方法的系统训练。本科和专科阶段的课程设置中，基本上没有研究方法方面的内容，导致学生不知道如何做研究。

（3）缺少有针对性的指导教材。市面上关于论文写作的教材有一些，但大部分侧重于论文规范性的要求，缺少贴近大学生毕业论文要求、可操作性强的教材。

本书首先介绍如何做研究及常见的研究方法，然后以论文写作环节为主线，介绍论文选题、开题报告撰写、逻辑结构安排、正文写作、规范化和答辩，力求让学生在各个阶段都能得到有效的参考。本书的框架如图0-1所示。

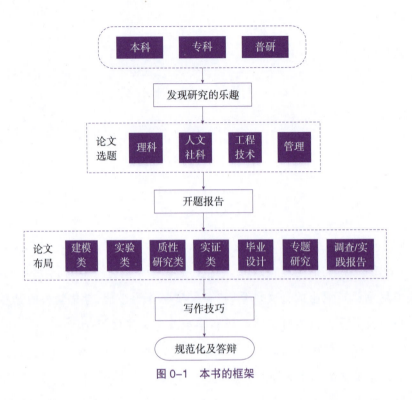

图 0-1 本书的框架

本书的定位如下。

（1）通用的论文教材。适合大多数专业的大学生毕业论文写作，包括本科和专科学生，对普研学生的论文写作也有很好的指导作用，分属理科、人文社科、工程技术和管理四大类专业。

（2）教师指导助手。便于教师对学生提供指导，让教师关注选题、论文结构和文章的要点，让学生自行处理文字表述、规范、格式等细节问题，节省教师指导学生的时间。

（3）学生写作指南。帮助学生认识什么是论文，让学生在选题、查资料、开展调查研究、写作、规范化等过程中少走弯路，顺利完成毕业论文。

本书的特色如下。

（1）思想性。本书努力体现社会主义核心价值观，思想上与党的二十大精神高度契合。

（2）研究性。研究是论文写作的前提，离开研究，论文就是空中楼阁。本书把研究放在最重要的位置，培养大学生的研究能力，希望大学生在研究的基础上写出相对高水平的论文。

（3）全面性。全面介绍毕业论文的写作过程和内容，兼顾不同专业的需求。

（4）简洁性。强调"快速上手"，不追求完整性、精确性。通过故事、案例说明问题，通俗易懂，适应大学生群体的理解能力。

（5）启发性。追求"融会贯通"，针对论文写作的各种问题，启发学生打开思路，找到适合自己的方法。

最后，希望本书成为学生论文写作的贴心宝典、教师指导学生的有力助手。

一册在手，不再为毕业论文写作而烦恼！

2023 年 8 月
于中国科学技术大学

目　录

上篇：研究与选题

第 1 章　发现研究的乐趣 …………………………………… **003**
1.1　什么是研究 ………………………………………………… 003
1.2　如何做研究 ………………………………………………… 007
1.3　研究成果如何转化为论文 ………………………………… 012

第 2 章　论文的选题 …………………………………………… **016**
2.1　发现需要研究的问题 ……………………………………… 016
2.2　理科专业选题 ……………………………………………… 022
2.3　人文社科专业选题 ………………………………………… 026
2.4　工程技术专业选题 ………………………………………… 031
2.5　管理专业选题 ……………………………………………… 034
2.6　为论文选个好题目 ………………………………………… 036

第 3 章　开题报告 ……………………………………………… **041**
3.1　为什么要写开题报告 ……………………………………… 041
3.2　如何查资料 ………………………………………………… 043
3.3　调查研究 …………………………………………………… 047
3.4　开题报告中内容的撰写 …………………………………… 054
3.5　研究方法和论文类型 ……………………………………… 057

中篇：方法与布局

第 4 章　建模类论文写作 ········· 063
4.1　建模研究法 ········· 063
4.2　建模研究的过程 ········· 066
4.3　建模类论文的结构 ········· 068
4.4　建模类论文的写作关键 ········· 073

第 5 章　实验类论文写作 ········· 077
5.1　实验研究方法 ········· 077
5.2　实验类论文的结构 ········· 082
5.3　实验类论文的写作要点 ········· 089

第 6 章　质性研究类论文写作 ········· 091
6.1　质性研究及其方法 ········· 091
6.2　质性类论文的论证逻辑与研究过程 ········· 094
6.3　质性类论文的类型和结构 ········· 096

第 7 章　实证类论文写作 ········· 102
7.1　实证研究方法概述 ········· 102
7.2　数理实证研究的论文结构和论证逻辑 ········· 106
7.3　案例实证研究的论文结构和论证逻辑 ········· 107
7.4　实证类论文的写作关键 ········· 108

第 8 章　毕业设计报告写作 ········· 113
8.1　毕业设计及其分类 ········· 113
8.2　毕业设计报告的结构示例 ········· 116
8.3　毕业设计报告关键部分的写作 ········· 119

第 9 章 专题研究型论文写作 ········· 121
9.1 专题研究的特点和过程 ········· 121
9.2 专题研究型论文的论证逻辑 ········· 123
9.3 专题研究型论文的写作关键 ········· 127

第 10 章 调查报告与实践报告写作 ········· 133
10.1 调查报告写作概要 ········· 133
10.2 社会实践报告写作概要 ········· 138

下篇：写作与规范

第 11 章 论文写作的五大技巧 ········· 145
11.1 让论文主题清晰 ········· 145
11.2 让论证过程符合逻辑 ········· 148
11.3 画出论文概念树 ········· 150
11.4 用金字塔原理进行论述 ········· 152
11.5 让文字更精练 ········· 153

第 12 章 论文主要单元的写法 ········· 157
12.1 摘要和关键词 ········· 157
12.2 研究背景、目的和意义 ········· 158
12.3 文献综述 ········· 160
12.4 研究方法与研究内容 ········· 163
12.5 理论基础 ········· 164
12.6 论文中调查部分的写法 ········· 167
12.7 结论与结束语 ········· 169

第 13 章 论文规范化与美化 ·· 172
13.1 学术道德和学术不端 ·· 172
13.2 参考文献及其引用与标注 ·· 173
13.3 学术论文的格式规范 ·· 175
13.4 图表的美化 ·· 178
13.5 论文排版美化 ·· 183

第 14 章 论文答辩 ·· 186
14.1 答辩的目的和流程 ·· 186
14.2 答辩幻灯片的制作 ·· 187
14.3 演讲的技巧 ·· 188
14.4 如何回答老师的提问 ·· 189

参考文献 ·· 191
附录　论文规范性问题自查表 ·· 192
致谢 ·· 196

上篇：研究与选题

写论文如同盖房子。前期要明确盖房子的目的，选址、设计、准备材料。中期是房子施工。后期是房子装修。三个阶段的工作做好了，我们就能得到心目中理想的房子。

很多大学生没有写过正规的论文，不知道如何下手。本书的上篇"研究与选题"，就带你快速入门。

通过本篇的学习，你就会知道，论文是研究的产物，不是凭空写出来的，而研究工作很有趣。论文的选题决定了你整个研究工作的方向，非常关键。论文研究开始之前，需要花不少时间准备开题报告，制订完善的研究计划，让研究工作和论文写作按照正确的轨道前进，避免走弯路、做无用功。

下面，让我们一起踏上论文研究的征程！

第 1 章 发现研究的乐趣

🔍 **本章导读**

同学们即将完成大学阶段的学习,最后一项任务就是毕业论文。学校之所以要大家写论文,是因为要逼着你学会做研究。世界充满未知,好奇心让我们探索未知世界,研究的过程虽然辛苦,但充满挑战和乐趣。研究的成果对于我们职业发展、人生成长很有意义。优秀的研究成果能造福社会,甚至能改变历史、改变世界。

乔布斯有一句名言:活着就是为了改变世界。改变世界的第一步就是要做好研究。让我们一起开启研究之旅,通过研究完成论文,为改变世界打下基础!

1.1 什么是研究

尽管我们都认识"研究"二字,甚至常把"研究"挂在嘴边,但"研究"到底是什么呢?让我们先看看实例。

1.1.1 影响人类历史的研究

人类历史上,曾经出现过很多伟人,他们通过研究创造了伟大的成果。

古埃及时期(公元前 200 多年),埃拉托斯特尼根据太阳光与塔的夹角,计算出地球周长约为 40 000 千米,非常接近实际,为后来的地理、航海等提供了依据。

2 000 多年以前,西汉伟大的史学家司马迁"网罗天下放失旧闻",花费 13 年,写出了 52 万字的巨著《史记》,为中华民族的历史记载作出了巨大贡献。

南北朝时期(约 5 世纪下半叶),著名数学家祖冲之发现圆周率 π 值介于 3.141 592 6 和 3.141 592 7 之间,为很多数学定理与公式奠定了基础。

17 世纪 60 年代,牛顿某一天坐在苹果树下沉思,被一个苹果砸到了头上。受此启发,牛顿发现了万有引力定律,并以此构筑了经典力学的大厦。

马克思和恩格斯长期研究社会,预言资本主义必然灭亡、共产主义是人类发展的必然趋势,并在 1848 年发表《共产党宣言》——一部指导全世界无产者砸碎旧世界、建立新世界的巨著。

1938 年 5 月,毛泽东在分析日本全面入侵中国、敌强我弱的背景下,发表了著名的《论持久战》,认为战争的决定因素不是物而是人,提出了"敌进我退,敌驻我扰,敌疲我打,敌退我追"的战略思想,成为指导我党抗日、最终打败日本的法宝。

1960 年 7 月,袁隆平意外发现一株穗大粒多的稻株,竟然是天然杂交稻!在此基础上,他开展两系法杂交水稻研究,解决了中国和世界上数以亿计人口的粮食问题。

1980 年出生的汪滔,从小痴迷玩具直升机,上大学之后持续研究,并在研究生阶段创立了大疆无人机公司,仅用 8 年时间成为全球第一。

以上事例说明,研究工作不仅能解决研究者的困惑,还能造福社会,甚至改变历史进程,也可以让自己获得巨大的财富。

1.1.2 研究与大学的专业

按照汉语的解释,研究的意思是主动寻求根本性原因与更高可靠性依据,从而为提高事业或功利的可靠性和稳健性而做的工作。简单来说,就是刨根问底,找到某种事情产生的原因,探求事物的真相、性质、规律等。

大学的专业很多,本书涉及其中四类:理科、人文社科、工程技术、管理。见表 1-1。

表 1-1 大学的专业分类

类别	理科	人文社科	工程技术	管理
研究对象	研究大自然中有机或无机的事物和现象的科学	以人类的精神世界及其沉淀的精神文化为对象的科学	将自然科学原理应用到生产和建设中去而形成的多学科的技术总体	生产力、生产关系、上层建筑，管理的原理、职能、方法、管理者和管理历史等
专业举例	数学、物理学、化学、天文学、地球科学、生物学、农学、医学等	哲学、经济学、法学、教育学、文学、历史学等	机械、电子、化工、电气、计算机、材料、能源、土木、生物、环保工程等	公共管理、管理学、工商管理（营销、财务、人力资源等）、农林管理等

实际上，各类专业相互融合、借鉴。比如，在知网的学科分类中，选择"教育学"，下面的子学科见表 1-2。

表 1-2 教育学下面的子学科

门类	子学科
教育学	教育学原理｜课程与教学论｜教育史｜比较教育学｜学前教育学｜高等教育学｜成人教育学｜职业技术教育学｜特殊教育学｜教育技术学｜

我们发现，有些子学科（如教育技术学）和工科相近，有些子学科（如职业技术教育学）与管理相近。所以不能望文生义，要具体分析你所在的专业特征是理科、人文社科、工程技术还是管理。

从表 1-1 可以看出，每个专业不同，其研究对象、研究方法存在较大差别。尽管有很多不同，但研究的核心逻辑都是相同的，即"问题驱动"：如何发现、分析和解决问题。只是在发现、分析和解决问题的过程中，采用不同的方法。

1.1.3 什么样的人适合做研究

尽管专业特性不同，但每个专业都需要做研究。那么，什么样的人适合做研究呢？

说到研究人员，我们通常会联想到一群人在实验室里，戴着眼镜没日没夜地工作，这可能是媒体的误导。前面介绍的几个事例告诉我们：研究可以在太阳底下、乡间小路上、果树下、农田里，不一定也没必要在实验室。只要你想做研究，随时随地都可以开始。

有人说，我们学校一般般，研究是名校学生做的事情。其实不然。乔布斯学的是音乐，而且大二就退学了，他和别人一起发明了个人电脑。因为这个发明，乔布斯后来被称为"微型计算机之父"。

有人说，学习好才能做研究，这也是错误的认识。汪滔上大学的时候，成绩并不好。还有郭帆导演，高考失利，只能读他并不喜欢的法律专业。但他潜心研究摄影、摄像技术，照样凭借《流浪地球》一鸣惊人。

曾经灾难深重的中国，无数先烈在白色恐怖中苦苦追寻真理，探索救国之路，终于推翻"三座大山"，建立了新中国。今天，青年人更应该珍惜和平年代的良好环境，发奋读书、刻苦钻研，在为实现中华民族伟大复兴的过程中贡献力量。

那么，研究人员最需要什么？最需要好奇心，需要发现问题的能力。

好奇心是人们遇到新奇事物或处在新的外界条件下所产生的注意、操作、提问的心理倾向。好奇心是学习的内在动机之一，是创造性人才的重要特征。爱因斯坦认为，他之所以取得成功，原因在于他具有狂热的好奇心。

发现问题的能力是指由遇到的事物引申多方思考，从中发现问题、解决问题的能力。学生学习好坏的表现形式是考试能力，而发现问题的能力和考试能力并不是一回事。所以，即使你学习成绩不好，只要善于发现问题（就像乔布斯一样），照样能取得伟大的成就。

此外，勤奋、坚持也是非常重要的。没有全身心的投入，是做不好研究的。

1.1.4 研究工作的价值

有些同学认为，自己水平低，毕业论文没什么用，因此糊弄一下，能毕业就可以了。这个想法是不对的。既然不得不做毕业论文，就应该充分利用写论文的机会，提高自己的研究水平，提升自己的能力，力争取得好的研究成果。

其实，毕业论文的研究有多种价值。

（1）培养研究能力。大部分同学都没有写过毕业论文，面对论文的挑战，需要我们去发现问题、解决问题。这个过程可以把所学知识应用于实际，需要自己动手，对自己的能力提升很有好处。要知道，我们未来进入职场，需要面对各种问题，解决问题的能力是人生非常重要的竞争力。

（2）培养创新精神。发现别人不能发现的问题，提出有创意、独特的解决方案使问题得到解决，需要创新思维。如果具备创新思维，你就可以从容面对人生的任何挑战。

（3）提高团队合作与沟通能力。论文的研究工作需要导师指导。选题可能属于导师课题的一部分，需要和其他方向的小伙伴们合作。调研、查资料等过程要接触很多人，需要良好的沟通能力。这些能力对你的职业生涯很有帮助。

（4）提高写作水平。职场上，任何单位都缺少写文章的高手。如果你文笔好，恭喜你，领导一定喜欢，你比别人有更多的上升机会。和以前考试中的写作相比，毕业论文写作更有挑战。一定要利用写毕业论文的机会，学习文字表达、写作技巧，让自己的写作水平大幅提高。

（5）研究成果有价值。针对发现的问题，经过辛勤研究，你提出了很好的解决方案，就是取得了成果。这些成果包括技术或管理方案、论文、专利、软件著作权等。你的成果就可以为企业或社会参考，对别人有启发。带着这些成果，你未来做工作更加得心应手。

（6）有助于找到理想工作。临近毕业，很多人要找工作。用人单位总是希望招聘到马上就能上手工作的人。因此，用人单位很看重你简历中的项目经历，包括研究经历、实习经历，看你取得了什么成果。面试的时候，考官一定会问你以前做过什么。如果没有参与研究的过程，不明白如何分析和解决问题，你的简历很可能就被HR（人力资源）刷掉。即使进入面试，成绩也不会太好。

1.2 如何做研究

对于科研人员来说，进行科研的动机和目标不是发表论文、申请专利或撰写书籍等，而是将科研成果进行推广应用，解决实际问题，推动科技和经济社会的发展。因此，同学们从一开始就要树立贡献社会、服务社会的观念，不是为了写论文而做研究。

如前所述，一项研究包括发现问题、分析问题和解决问题三个阶段。我们在开展研究工作之前，要了解研究有哪些过程、这些过程内在的逻辑是什么，研究结束之后，如何写成论文。

1.2.1 研究的过程

有一天，杨老师做饭的时候，在橱柜里发现一个塑料袋里的小米生了很多

> 虫，袋子被啃了许多小洞，竟有蛾子飞了出来。我们都见怪不怪，但杨老师却在想：虫子咬破塑料袋后，把塑料吃进去了吗？如果吃进去了，消化了吗？
>
> 杨老师把虫子带到实验室，发现这是一种蜡虫。通过解剖，发现蜡虫吃了塑料，并且消化了！进一步实验发现，蜡虫的肠道微生物降解了塑料。经过长期研究，杨老师团队培养出了微生物，并把微生物注入另外一种繁殖力极强的黄粉虫体内，让黄粉虫去吃泡沫塑料（聚苯乙烯）。未来这项成果有望帮助人类解决"白色污染"的难题。
>
> 这个杨老师，就是北京航空航天大学的杨军教授。

从杨教授发现微生物降解塑料的故事，我们可以发现研究工作有以下几个步骤。

第一步，发现问题。杨教授是"偶然"发现蜡虫的，正如袁隆平偶然发现野生杂交稻一样。实际上，有很多问题是人们主动发现的。比如为了攻克癌症，世界上很多科学家研究癌症发病规律，找出破坏癌细胞的方法。我们写毕业论文，大部分的时候是在老师的指导下主动去发现问题。如果平时在实验室、学校甚至社会上"偶然"遇到一个很有意思而且和你所学专业相关的问题，就可以由这个问题开始研究。

第二步，分析问题。杨教授发现蜡虫能吃塑料，并没有简单地培养蜡虫，而是进一步分析，找到蜡虫能消化塑料的原因，是蜡虫肠道内有可以降解塑料的微生物。进一步培养这些微生物，找出效果最好的微生物。

第三步，解决问题。由于塑料很难自然降解，塑料污染尤其是泡沫塑料的"白色污染"非常严重。杨教授以黄粉虫为载体、以微生物为手段，创造了一种黄粉虫吃泡沫塑料并降解的方案。这个方案有望解决环境污染的大问题。

第四步，发表成果。杨教授带领团队将问题发现、实验过程、最终的解决方案等整理成论文，在国际顶级期刊上发表。同时，这个故事还进入小学教材，激励孩子们观察世界、发现问题。未来，这项成果有望产业化，在解决污染问题的同时，为发明人带来财富。

当然，不同学科由于研究对象不同、采用的方法不同，研究过程会有少许差别。

1.2.2 学术研究的变量

为了让研究工作为全世界科学家共享，学术研究将研究工作归结为对变量的研究。其实变量并不是新概念，我们早在中学就接触过变量。研究中的变量通常包括自变量、因变量、中介变量、控制变量和调节变量。

自变量是指自己可以控制也能引起因变量变化的因素。因变量是指因为自变量的变化而变化的变量。自变量就是原因，因变量就是结果。例如，用力（自变量）推动一个物体（物体重量是另一个自变量），物体就会产生运动加速度（因变量）。这就是牛顿第二定律：物体的加速度和作用力成正比，和物体的质量成反比，即 $a=F/m$。

有时候，自变量和因变量并不是直接作用的，需要有中介变量（或称中间变量）。中介变量主要考察自变量如何影响因变量，是一种机制和原因研究。例如，大气中二氧化碳浓度（自变量）上升，会破坏臭氧层（降低臭氧层厚度）。而臭氧层厚度减少，会引起大气层温度升高（因变量）。这个过程中，臭氧层厚度就是中介变量。

有时候，除了自变量之外，还有些变量也会影响因变量。这些不在研究范围而又影响因变量的变量称为控制变量。研究或实验中，我们要单独找出自变量和因变量的关系，就要排除控制变量。

例如，企业给员工发奖金（自变量）能提高员工的工作积极性（中介变量），进而提高企业绩效（因变量，如利润）。然而，还有很多因素（如产品涨价、降低成本等）也可以提高企业绩效。因此，在研究"奖金和企业绩效"的关系时，要把产品涨价、降低成本等控制变量排除在外。

有时候，自变量在不同的条件下对因变量的影响不同。调节变量主要考察自变量何时（或者在什么条件下）影响因变量，是一种边界条件。

例如，在研究"奖金和工作积极性"的关系时发现，奖金越高，基层员工的工作积极性提高越多。但对高管来说，奖金对于提高工作积极性作用不大。因此，员工类型（是基层员工还是高管）就是调节变量。

同学们在不同的专业，试试能不能把你们专业的问题，用自变量、因变量等各种变量表达出来？

1.2.3　学术研究的逻辑

前面说过，大学的专业可以分为理科、人文社科、工程技术和管理四类，下面分别介绍其研究逻辑。

1. 理科研究的逻辑

理科的研究目的在于揭示物质世界发生的现象以及物质现象发生过程的实质，也就是事物之间的关系。理科研究，就是揭示事物的变量关系。理科研究的逻辑如图1-1所示。

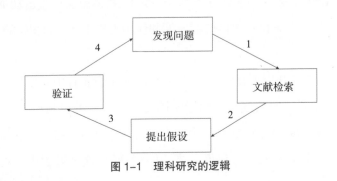

图1-1 理科研究的逻辑

理科研究分为四个环节。

（1）发现问题。通过观察、资料分析等，发现未解决的问题（变量之间的关系不清楚）。

（2）文献检索。围绕这个问题，通过查阅文件，了解前人已经做了哪些研究工作。如果前人已经解决（找到变量之间的关系），则取消研究；如果问题未解决，或者问题的外部条件不同（如推物体的时候，放置物体的地板上有摩擦力），需要进一步研究。

（3）提出假设。假设自变量和因变量可能是什么关系。例如，假设一种药物能杀死癌细胞，或者某种理论在某些条件下能有所改进。

（4）验证。通过模型计算、做实验、逻辑推理、实证调查等方式，验证你假设的变量关系是"真的"还是"假的"，或者它们之间是线性、二次元等关系。

通过上述四步，让当初提出的问题得到答案，这就是整个的研究过程。实验可能做了很多次才能得到预期结果。例如，爱迪生做了上千次的实验，才发明了可以使用的电灯泡；屠呦呦带领团队经过无数次实验，发现了抗疟药物青蒿素，让中国医药拯救了全世界数百万人的生命，她也因此获得诺贝尔奖。理科研究得到的结论是可以重复的，别人用你的方法应该能得到同样的结论，所以要求研究过程非常严谨。

2. 人文社科研究的逻辑

人文科学以揭示人的本质和人类社会发展规律为目的。社会科学的研究目的在于探索人类社会的组织与结构、体制与关系、过程与变化、功能与效率、秩序与规范。二者虽然目的不同,但研究逻辑基本上是一样的。人文社科研究的逻辑如图 1-2 所示。

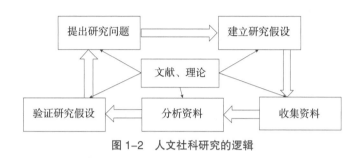

图 1-2 人文社科研究的逻辑

这个过程实际上和理科差不多,从提出问题、假设、分析资料到验证,中间可能有多次反复。

3. 工程技术研究的逻辑

工程技术的研究目的是解决工程中具体的技术问题,要设计出硬件或软件产品(统称为解决方案)。工程技术研究的逻辑如图 1-3 所示。

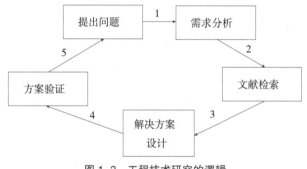

图 1-3 工程技术研究的逻辑

工程技术研究多了一个环节,就是需求分析,只有分析清楚需求,后面的研究才能得出满意的结果。和假设不同,解决方案是一套技术方案(硬件、软件或系统设计方案),不是变量之间的关系。方案验证也可以称为可行性分析,需要从技术可行性、经济合理性、环境友好性等方面验证解决方案。有时候需要提出多套方案,通过验证分析找到最优方案。

举例来说,某企业要盖个车间,怎么盖,这就是实际问题。首先分析需求:该车间用于大型设备的装配工艺,整体单跨(没有柱子),面积不低于 500 平方米,高度不低于8米,要有起吊的行车等等。检索文献阶段,就是针对需求,查阅各种技术资料,找到此类车间以前有哪些企业设计过、设计中需要注意哪些问题。解决方案设计阶段,先根据工厂布局、地基等因素选址和确定朝向,然后确定面积、高度,设计房屋结构等细节。方案验证阶段,进行技术、经济等方面的评价,看看质量、造价等是否达到要求。

4. 管理研究的逻辑

管理专业培养应用型的管理人才,要研究实际生产中的管理问题。企事业单位有很多管理问题,如销售下滑、成本上升、不能按时给客户交货、效率不高、客户不满意等。需要针对这些问题,查文献资料、设计解决方案、验证方案,研究过程和工程技术专业差不多。不同之处在于,管理方案的设计,需要用管理学理论和方法指导。

1.3 研究成果如何转化为论文

上述研究工作做完了,就可以把相关内容记录下来,按照论文的要求整理成文。实际上在研究工作进展过程中,就可以记录、整理,作为论文的素材,最后写成论文。

1.3.1 对学术论文的基本认识

论文有很多种,大的方面分为学术论文和非学术论文。学术论文是在研究基础上写出来的,是需要经过专业人员评审、公开发表的,是知识创新。非学术论文不需要以研究为基础,它可以是个人情绪的流露、偶然发出的感想、工作总结或报告。

按照中国知网的分类,学术论文分为期刊论文、会议论文和学位论文三种。

1. 期刊论文

期刊论文就是在正式期刊上发表的论文,一般都需要专业审稿人评审之后才能发表,因此具有一定的权威性。创新性、科学性、理论性和可读性是学术论文重要的内容特点。一项研究可以从不同的角度、环节写出多篇文章发表。

不论什么专业,期刊论文的格式大都是固定的,如标题、摘要、关键词、正文、参考文献等。

正文部分，结构上和 1.2.3 节的学术研究的逻辑基本一致，就是完整记载你的研究过程。由于期刊论文的篇幅所限，需要对这些过程进行提炼，用最少的语言表达研究成果。不同的期刊有不同的要求，需要预先确定准备投稿的期刊，按照该期刊的格式要求提交论文。

按照论文质量，期刊论文一般分为国际上的 SCI（科学引文索引）收录论文（又分为一区、二区、三区等）和国内的国家级（核心期刊、一般期刊）、省级期刊。写出好文章发表在高水平的期刊上是研究者的追求。在研究过程中引用高水平期刊的文章，才能站在巨人的肩膀上把我们的研究做得更好。

2. 会议论文

会议论文是在会议等正式场合宣读首次发表的论文，一般正式的学术交流会议都会出版会议论文集。

一般来说，期刊论文有多位审稿人审查，要求严格，但是发表周期长。学位论文有专家把关，有时候（硕士、博士论文）还要外审，也很严格，但是本科及以下的毕业论文把关可能没那么严。会议论文可能有审稿人评审，也可能没有，但是发表很快。

3. 学位论文

学位论文是作者为获得某种学位而撰写的研究报告或科学论文，一般分为学士论文、硕士论文和博士论文三个级别。毕业论文，按一门课程计，是中专、专科、本科、研究生学业的最后一个环节，是用于检验学生是否达到毕业程度而独立撰写的论文。如果你所学的专业是学位点，毕业论文就是学位论文。

同学们做研究之后，完成毕业论文当然是主要的。如果研究成果不错，可以考虑发表期刊论文或者会议论文，为自己的职业发展积累成果。

1.3.2 毕业论文的基本要求

毕业论文（或毕业设计）的目的是对学生的知识能力进行一次全面的考核，对学生进行科学研究基本功的训练，培养学生综合运用所学知识独立地分析问题和解决问题的能力，为进一步深造或者进入实际工作打下良好的基础。

毕业论文又分为本科毕业论文、硕士毕业论文、博士毕业论文。有些学校（如职业技术学院）没有学位授予权，毕业论文就不是学位论文。本书所指的大学生毕业论文，可以是学位论文，也可以不是。

和期刊论文相比，大学毕业论文内容更多、篇幅更长，但因为是学校内部老师评审（通常不需要请外部审稿人评审），所以要求低一些。从学习的角度来看，我们不能因为学校要求低而不用功，应该努力在研究的基础上写出优秀的毕业论文。

各学校对毕业论文要求不同，基本要求有五点。

（1）思想性。论文应体现党的二十大精神，体现中国特色社会主义思想，不与法律、法规和有关政策冲突。

（2）专业相关性。也就是你写的论文，要和你所学专业相关。比如学物理的，就要用物理学方法写论文。

（3）独立性。要求论文是在导师指导下，由学生自己独立完成的，不能合作写毕业论文，更不能找人代笔、抄袭。这是学术道德的红线，不可逾越。

（4）字数。毕业论文字数一般要求不少于8 000字（从第1章到结论那一章的字数，不包括摘要、参考文献、附录等），其中参考文献不少于5篇。各校规定不同，请事先问清楚。

（5）符合学术规范。包括学术道德（不抄袭等）、内容规范、版式规范等。

1.3.3 毕业论文的基本结构

虽然各专业的研究存在差别，但本科毕业论文的样子应该差不多，通常包括封面页、英文封面、摘要、目录、正文（第1章、第2章……结束语）、参考文献、致谢等。有的可能还包括版权页、图序、表序、附录、在校期间参与的项目和发表的成果等。

由于专业不同，毕业论文的结构差别很大。扫描相应的二维码查看四类专业的论文正文部分的结构，只列到二级目录，略去了参考文献、致谢等内容，让大家有基本的感受。

理科　　　　　人文社科　　　　　工程技术　　　　　管理

给出上面几篇文章的例子，并不是说它们都是好论文。相反，这些论文的编排方式各不相同，逻辑结构也和1.2.3节介绍的不太吻合。这说明，要想写出优秀的毕业论文，难度不小。

本书就是希望能引导同学们学会研究，用基本规范的方法将研究成果转化为较好的论文。

1.3.4 优秀毕业论文的标准

本科毕业论文是作者从事科学研究取得的结果或见解，并以此为内容撰写的论文。论文需要能说明作者确已较好地掌握了本门学科的基础理论、专门知识和基本技能，具有从事科学研究工作或担负专门技术工作的初步能力。

因此，优秀的毕业论文需要具有以下特征。

（1）选题新颖，价值性强。论文的研究始于选题，题目选得好，对所在专业的理论有提升作用，能解决社会实际问题，这是优秀论文的首要要求。

（2）研究过程完整，科学性强。论文是研究的记载，如果研究工作不完整、不严谨，所得到的结论不可靠，即使妙笔生花，也没有科学价值。

（3）写作符合规范，学术性强。从文章的论证逻辑、结构到文字表达，都要符合学术规范。论文排版也要专业，体现学术研究的特点。

（4）研究自己完成，独立性强。毕业论文是对学生大学阶段学习成果的检验，需要学生独立完成，不允许存在抄袭等学术不端问题。

本书后面各章将介绍如何选题、如何设计研究计划、如何谋篇布局、如何写作和规范化。希望和同学们一起努力，朝着优秀论文的目标前进。

本章思考题

1. 你所在专业中，你最佩服哪位专家？收集资料，写出该专家的简介，总结其值得学习的地方。

2. 回顾你自己做过的研究，或者观察老师的研究，详细描述研究过程。

3. 将你做过的研究，用变量的形式进行表达，画出变量关系图。

4. 阅读期刊论文、学位论文各2～3篇，写出二者相同与不同的分析报告。

第 2 章 论文的选题

🔍 **本章导读**

毕业论文写作的第一步就是选题,也就是选择需要研究的问题。本章首先介绍论文选题的过程,包括发现问题、选择研究方法、确定选题。然后进一步介绍理科、人文社科、工程技术和管理四类专业的选题。最后介绍如何为论文取个好题目。除了 2.1 节必读外,不同专业的同学可以选读相关内容。

2.1 发现需要研究的问题

发现问题是研究工作的第一步,也是毕业论文最重要的环节。有人认为,选题就是给论文取个题目,那是片面的。选题的关键是聚焦研究什么问题,之后明确对象、选择方法,再给论文取题目。

2.1.1 选题的过程

论文的选题过程如图 2-1 所示。

(1) 发现问题。就是发现什么问题值得研究。例如,你是文科学生,这两年党中央提出"共同富裕"的概念,和马克思的共产主义学说很有关系。你就想,能不能研究一下"马克思、恩格斯早期的共同富裕思想",这就是你发现了问题。这

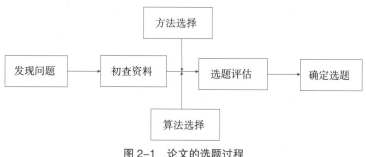

图 2-1 论文的选题过程

个例子还说明，关注时代热点、让选题更新颖，是选题考虑的重要因素。

（2）初查资料。就是根据你发现的问题，去找些资料看看。图书馆、互联网上有很多资料。我们可以列一个需要查找的资料清单，包括马列原著、相关的文章，看看别人研究到什么程度了。如果发现相关的研究成果较少，说明你的研究有新颖性，可以继续研究。如果前人已经有很多研究，甚至博士论文都已经出来了，你就要去看看人家的博士论文，看完之后想想，你能不能在此基础上再深入一步？如果可以，那就去研究；如果感觉无望，趁早放弃，重新发现问题。

（3）方法选择。准备用什么方法来研究这个问题。后面我们再讨论。

（4）算法选择。如果问题中有难以计算的模型，需要采用什么算法。这是理科、工科学生经常面临的问题。

（5）选题评估。就是对你研究的问题进行评估，包括研究对象、研究价值、创新性、可行性等。最迟在这个时候，你需要找导师讨论一下。导师见多识广，会给你很多很好的建议。

（6）确定选题。就是把研究的问题定下来，准备开始研究。当然，后期研究过程中如果遇到不可克服的困难，有可能还要放弃这个选题，回头重新发现问题。所以，上面的几步都需要认真做，稳扎稳打，避免盲目推进。

2.1.2 发现问题的方法

在选题过程中，发现问题是最重要的一环。我们常说，发现问题是成功解决问题的一半。因此，需要考虑用什么方法发现问题。发现问题的常见方法有观察法、趋势法、需求法、派生法和探索法。

1. 观察法

观察法是指通过观察发现问题的方法。鲁迅在日本上医学本科的时候，观察到中国社会的积弊,果断放弃医学转攻文学,以锋利的笔做武器,为中华民族的崛起呐喊。瓦特观察到水壶盖震动的现象,发现了蒸汽机原理,如此等等。大学生思维敏锐,应该养成观察事物细节的习惯。通过观察,也许就可以为论文发现很好的问题,甚至能发现让自己终身为之奋斗的目标。

2. 趋势法

趋势法是指依据学科或者社会的发展趋势发现问题的方法。比如现在互联网应用是趋势,新闻宣传正在从传统的报纸、电视向基于互联网的自媒体发展。你所在的新闻专业,就可以把新闻传播和互联网结合起来,发现互联网出版、互联网广告、自媒体等新的问题。

3. 需求法

需求法是指根据社会需求确定选题的方法。参观房地产企业的时候,你发现他们还在用模型展示楼盘,一套模型需要花好几十万元。你会3D建模虚拟展示,你就可以帮他们做一套虚拟的3D楼盘展示,企业很高兴,还愿意给你付钱。这样的需求就是很好的选题。当然,如果你能力不够强、技术还不够娴熟,一个人做不了,可以联系老师接下课题,在老师指导下和几个小伙伴一起做。也许你还可以以这个项目为基础创业。

4. 派生法

派生法是指从一个大课题中派生出若干小问题的方法。比如你的导师承担了一台特种无人机的研发,包含机械设计(机架、机身、旋翼、防护罩等)、飞行控制、药物喷洒等。导师团队有多位教授、博士和硕士。导师让你参与进去,根据你的能力做机架设计甚至机架上落地部分的设计。这个问题需求比较明确,对本科生做毕业设计很合适。不要小看机架,小产品往往也有大市场!例如,合肥的一个公司专业做无人机机架,产品畅销全世界,每年销售额达几千万元。

5. 探索法

探索法是指通过对未知世界或者事物的探索发现问题的方法。如果你对某个问题有强烈的兴趣,可以把兴趣转化为问题。但是,由于对未知事物的研究充满不确定性,大学生不一定把握得住,则需要得到老师的指导。

除了上述常见的发现问题的方法,理科、人文社科、工科、管理等专业还有自己的方法,后面再进一步讨论。

2.1.3 研究方法选择

研究方法是指在研究中发现新现象、新事物，或提出新理论、新观点，揭示事物内在规律的工具和手段。做事情要有方法，在历史的长河中，前人已经总结了很多行之有效的研究方法。我们做研究，一定要采用合适的方法，否则不可能得到好的研究成果。

表 2-1 列出了几种常用的研究方法。有些方法适合多个专业，有些方法只适用于特定专业。

表 2-1 常用的研究方法

常用的方法	理科	人文社科	工程技术	管理
建模	√			√
实验	√		√	
实证		√		√
调查		√	√	√
述评		√		

那么针对你的问题，应该选择什么方法呢？建议这样思考：

第一步，确定你的问题是科学研究（变量之间的关系研究）、人文社科研究（找出个人或社会现象的规律）、工程技术研究（开发一种硬件或软件产品，或工艺方法），还是管理研究（提出管理问题的解决方案）。这一步是大致分类，决定你要采用定性还是定量方法。见表 2-2。

表 2-2 定性方法和定量方法

分类	方法举例
定性方法	观察法、调查法、分类法、述评法、调研法、考证法、思辨法、文献法
定量方法	建模法、实验法、测量法、实证法

通常情况下，理科、工科和管理专业采用定量为主、定性为辅的方法，人文社科专业采用定性为主、定量为辅的方法。

第二步，通过资料查找和文献检索，找出前人采用的方法，评估各种方法的优缺点。这个工作需要花费一些时间。

第三步，选择一种适合你的问题的研究方法。可以是前人用过的，你做适当改进。也可以是前人没用过的,你是方法创新。

> 方法创新的例子:
>
> 制备石墨烯的方法主要包括微机械剥离法、氧化还原法、SiC 外延生长法和化学气相沉积(CVD)法等。你从涂层技术得到启示,能不能采用等离子溅射法制备石墨烯呢?
>
> 再如,南京大学团队获得了 0.02 克的月壤,希望通过月壤把水分解成氢气和氧气。科研团队对月壤催化进行了多种尝试。最终,他们筛选出光伏电解水和光热催化二氧化碳加氢这两种方式,可以实现最高的月壤催化效率,而且得到的物质更纯净、更有用。

方法创新能解决很困难的问题。实际上,很多高水平学术期刊上的文章,都写的是方法创新。

2.1.4 算法选择

理科、工科、管理专业的一些问题,需要建模。有的模型很复杂,计算起来很困难。因此就要找到好的办法计算出结果。

常见的算法有运筹学方法(如线性规划、动态规划、排队论等)、遗传算法、蚂蚁算法、粒子群法、模拟退火法等,这些算法都有助于我们解决计算的问题。

现在计算机技术很发达,计算性能很高,云计算可以把复杂的计算问题分解给很多台服务器同时处理。计算机软件技术也是解决复杂计算问题的有效途径。

人文社科现在也开始用大数据研究人类活动,发现社会问题。先进计算方法和工具的改进,可以让人文社科研究进入数字化时代。

2.1.5 选题漏斗

基本明确了需要研究的问题、方法(也许还有算法),就可以对选题进行评估。这里提出选题漏斗的评估思路,如图 2-2 所示。

(1)专业方向过滤。看你的选题是否符合专业方向。每个同学在大学阶段都要修一个专业,毕业论文一定要和专业相关,否则评审、答辩的时候,很可能会有麻烦。需要运用本专业的理论、方法进行选题、研究和写作。

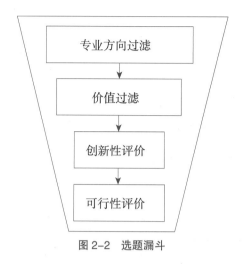

图 2-2　选题漏斗

（2）价值过滤。选题的研究价值。一般来说，论文有理论价值和实际价值两个方面。理论价值是指论文对该学科理论、方法的贡献，这个贡献对于大学生有难度。实际价值是指论文的研究成果对于解决实际问题有帮助，如设计一个机器、开发一个软件、提出一套解决管理问题的方案等。人文社科专业的论文，发现了一些新的现象、规律等，对人文社会学科有价值贡献。价值越大，如解决了经济社会重大需求，选题就越有意义。如果选题无论从哪方面分析都没什么价值，就要重新选题。

（3）创新性评价。评价选题在哪些地方可能有创新。创新的地方可能有选题领域（别人没有涉及过的选题）、理论创新（提出了前人没有提出的理论）、方法创新（改进了研究方法）、算法创新（创造性地将某种算法运用于课题）、成果创新（研究成果得出了独特的结论）等。以上几个方面都有创新是不可能的，大学毕业论文能做到其中一点创新就好。关于选题的创新性，需要和导师讨论再作出判断。

（4）可行性评价。你决定这个选题之后，能不能按期望完成研究并写出论文。需要分析研究中必备的知识和技能（你是否掌握了或者能短时间学会）、研究中的难点（建模、方法和工具的使用、实验等难度能否克服）、研究时间（调查研究、做实验、写文章等时间是不是充分）。如果上述三点不能满足，你不能按时、高质量完成研究并写出论文，这个选题就不可行，需要降低难度，把选题缩小一点。

概括起来，选题就是发现问题、初查资料、选择方法和算法、评估选题。前面介绍的是各专业通用的选题过程和方法。接下来结合不同专业实际，介绍选题要点。

2.2 理科专业选题

2.2.1 理科专业的定位和解读

理科是数学与自然科学的统称,主要学科有理学门类下的数学、物理学、化学、生物学、大气科学、天文学等。由于高考招生主要来自理科,培养方式和理学比较接近,农学、医学门类也通常归入理科专业。理科三大门类下属学科见表2-3。

表2-3 理科学科分类

门类	一级学科及其下属的二级学科
理学	数学:基础数学,计算数学,概率论与数理统计,应用数学,运筹学与控制论
	物理学:理论物理,粒子物理与原子核物理,原子与分子物理,等离子体物理,凝聚态物理,声学,光学,无线电物理
	化学:无机化学,分析化学,有机化学,物理化学,高分子化学与物理
	天文学:天体物理,天体测量与天体力学
	地理学:自然地理学,人文地理学,地图学与地理信息系统
	大气科学:气象学,大气物理学与大气环境
	海洋科学:物理海洋学,海洋化学,海洋生物学,海洋地质
	地球物理学:固体地球物理学,空间物理学
	地质学:矿物学、地球化学,古生物学与地层学,构造地质学,第四纪地质学
	生物学:植物学,动物学,生理学,水生生物学,微生物学,神经生物学,遗传学,发育生物学,细胞生物学,生物化学与分子生物学,生物物理学,生态学
	系统科学:系统理论,系统分析与集成
	科学技术史
	生态学
	统计学
农学	作物学、园艺学、农业资源利用、植物保护、畜牧学、兽医学、林学、水产、草学
医学	基础医学、临床医学、口腔医学、公共卫生与预防医学、中医学、中西医结合、药学、中药学、特种医学、医学技术、护理学

理科本科的教育旨在教授学生基本的知识、培养学生基本的研究素养,发展和就业方向主要是在高等院校、科研单位、农业与医疗机构从事理论研究的科研人员,也可广泛地将科研、创新能力应用于应用技术开发、生产、管理等岗位。

2.2.2 发现科学问题的方法

科学问题是指在某一个时间点，科学家在现有的知识背景下提出的、尚未解决的问题。不论是自然科学如数学、物理学、生物学、医学，还是社会科学如人文社会科学、管理学，都有很多需要解决的问题。这些问题中那些能上升到"科学"角度，即客观、可重复、可观察的，就是科学问题。科学问题有一定的求解目标和应答域，但尚无确定的答案，需要我们去寻找、去探索。

理科研究中的科学问题发现，有两种基本方法：从上而下的"演绎法"和从下而上的"归纳法"。此外，还有观察法、调查法、资料分析法、实验法等方法。

1. 演绎法

演绎法是以反映客观规律的理论认识为依据，从服从该事物的已知部分出发，推理得到事物未知部分，是一种由一般到个别的推理方法。例如，某种药物对治疗猴子的肝病有效，猴子和人类的器官构造及生理特征非常相近，因此，这种药物对治疗人类的肝病也有效。再如，所有的阔叶植物都是落叶的，所有的葡萄树都是阔叶植物。因此可以推论：所有的葡萄树都是落叶的。

2. 归纳法

归纳法是以一系列经验事物或知识素材为依据，寻找出其服从的基本规律或共同规律，并假设同类事物中的其他事物也服从这些规律，是一种由个别到一般的推理方法。在理学研究中，研究者会对所研究的对象进行大量的、多维度的、长时间且重复的细致观察，从观察、测量积累的数据中发现规律就是一种归纳推理的方法。为了更好地应用归纳的推理，实际研究中会使用很多的数据可视化工具，把一长串的数字整理成更为清晰的图表，从而能够直观地发现一些观测指标之间的相关关系或重复出现的某种模式。从这些相关关系出发，总结提炼出新的科学假设，就可以有效地发现新的科学问题。

3. 观察法

观察法是在自然条件下，有目的、有计划地观察客观对象，收集、分析事物感性资料的一种方法。科学的观察具有目的性、计划性、系统性和可重复性。例如，我们路过路口，可能会发现红绿灯设置不合理：一个方向明明已经没有车了，但绿灯还一直亮着，而此时另一个方向车辆排很长的队。我们可以进一步观察，有多少路口红绿灯设置不合理、不合理到什么程度，记录下来。在此基础上撰写与交通调度优化相关的论文。

科学研究的观察，不是随意的、无计划的，常见的观察方法有定点观察法、移动观察法、推进观察法、环视观察法、登高观察法、时序观察法、类别观察法、比较观察法、跟踪观察法、实践观察法等。观察一般利用眼睛、耳朵等，也可以用照相机、高速摄像机、传感器等先进的设备，发现事物更深层的特征和变化。

> **小故事："外科消毒之父"李斯特**
>
> 李斯特是一名英国医生，他发现病人手术之后创口化脓，很多人因此而死，他深知细菌繁殖及感染的厉害。如何防止化脓？李斯特苦苦思考。
>
> 有一天，李斯特在郊外的一条林间小道上散步，他突然发现，路旁一条满是污水的沟里，长着许多青翠碧绿的水草和浮萍！
>
> 李斯特想，污水里有大量细菌，如果能在其中生长，水草或者水中一定有一种专门杀死细菌的物质。他立即着手调查，结果发现污水是从一家化工厂里排出来的。经化验，污水中含有大量的石炭酸（苯酚）。原来工厂里露天堆放的石炭酸经雨淋，溶入污水流到郊外的污水沟里了。
>
> 李斯特经过实验发现，用石炭酸处理牛群的寄生虫，很有效。他就想，石炭酸在杀菌方面也许会有效果。于是，李斯特就把石炭酸用于外科手术中，用它来清洗手术器具和病人的伤口，或用经石炭酸浸泡过的绷带包扎病人的伤口。这个方法有效地防止了手术后的感染，成功地救活了许多人。石炭酸溶液因而成为医院最常用的消毒药水。

4. 调查法

调查法是指通过考察了解客观情况，直接获取有关材料，并对这些材料进行分析的研究方法。比如，今年天气特别热，我们可以针对这个问题开展调查，并基于调查结果，撰写地球气候变化、高温天气对人类（农作物、水产、休闲场所、旅游等）的影响、高温产生原因等相关的论文。调查研究是科学研究中一个常用的方法，在描述性、解释性和探索性的研究中都可以运用调查研究的方法。如何做科学的调查，请见3.3节。

5. 资料分析法

资料分析法是对已有资料（如学术论文、统计报告、新闻报道等）进行分析，发现其中存在的问题，提出自己的想法的方法。比如，你阅读关于大学排名的资料，发现不同的排名差异很大。进一步分析，发现各种排名所采用的指标不同。如何排名才更加合理？你可能会产生自己的想法，你就可以以此为选题开展研究并撰写论文。再如，某刊物公布2022年的GDP（国内生产总值）增长数据，你发现最近几年某地区GDP增长速度下降了，你就可以找出1949年以该地区历年的GDP数据，通过进一步分析，也许能发现一些意想不到的问题，这都是选题的好素材。我们每天都会阅读很多资料，只要认真分析，总有意外收获。

6. 实验法

实验法是指通过科学实验，验证一些想法的方法。在理学、医学、农学、工学等专业，很多事情是需要用科学实验验证的。例如，开发的新药在用于人体之前，需要做小白鼠实验。火箭动力、飞行性能等都需要做风洞实验进行验证。

小故事：屠呦呦实验提取青蒿素

疟疾作为一种出现历史非常长的寄生虫病，曾经是人类的最大杀手之一。20世纪70年代，屠呦呦领导研究抗疟疾药物，实验过200多种中药，失败了好几百次，最终改用新鲜青蒿绞取汁液来进行实验。要提纯青蒿素，屠呦呦采用水煎中药的方法，但一次次都失败了。

有一天，屠呦呦回家见丈夫正在煮酒酿汤圆，听完丈夫对"酒酿"的一番科普说明，满脑子在想研究事项的屠呦呦大受启发，"温度"这个概念一下子蹦了出来，高温容易破坏青蒿的药效，她决定改用低沸点的乙醚。经过190多次的实验，屠呦呦用沸点为36.4℃的乙醚，从青蒿叶中提取出一种黑色膏状体，并发现其对疟疾的抑制率达到100%。

青蒿素成为杀灭疟疾的最佳药物，拯救了世界上数以百万计的生命，屠呦呦也因此在2015年获得诺贝尔医学奖。

实验类论文的写作，请见第5章。

选题过程中，需要和导师沟通。初步确定选题之后，需要用2.1.5节的选题漏斗，对所选题目进行研究意义、创新性、可行性评估，通常需要多次反复才能最终确定选题。

2.3 人文社科专业选题

2.3.1 人文社科专业的定位和解读

人文社会科学是人文科学和社会科学的总称。人文科学和社会科学难以明确区分，二者都与人类的教养和文化、智慧和德行有关。其区别在于，人文科学直接研究人的需要、意志、情感和愿望，强调人的主观心理、文化生活等个性方面。社会科学强调人的社会性、关系性、组织性、协作性等共性方面。人文社会科学学科分类见表 2-4。

表 2-4　人文社会科学学科分类

学科门类	一级学科名称及数量	二级学科数
哲学	哲学 8	8
经济学	理论经济学 6、应用经济学 10	16
法学	法学 10、政治学 8、社会学 4、民族学 5、马克思主义理论 6、公安学 11	44
教育学	教育学 11、心理学 3、体育学 4	18
文学	中国语言文学 8、外国语言文学 7、新闻传播学 2、艺术学 5	22
历史学	考古学 9、中国史 7、世界史 5	21

由于人文社科专业众多，每个学校、专业的培养目标都有所不同。综合起来，人文社科专业的基本培养目标应该是：培养具有一定的人文素养与科学素养，宽厚扎实的人文学科知识，良好的文字和口头表达能力，能够运用所学知识分析解决人文社会科学中问题的复合型、创新型人才。

其中，人文素养是指做人应具备的基本品质和基本态度，包括按照社会要求正确处理自己与他人，个人与集体、社会、国家乃至与自然的关系，也就是"如何做人"，其中要体现社会主义的价值观、道德观。科学素养是人作为主体尊重科学、学习科学、发展科学、运用科学的精神、态度、方法、知识和能力。这是对文科大学生的基本要求。最后一条，大学生应能运用所学知识分析解决人文社会科学中的问题，这就是学校要求学生写毕业论文的主要目的。

文科大学生毕业之后进入社会，需要具备在政府、企业、社会组织和研究机构中独立从事管理和研究的工作能力，具备进一步学习深造的学术基础，具有成为未来领袖、推动社会进步的社会责任感。这些要求，都需要在毕业论文的选题和研究中体现。

需要特别强调的是，人文社会科学的研究，要体现人文精神。人文精神泛指人文科学体现出的对人类生存意义和价值的关怀，人文精神追求人生美好的境界，推崇感性和情感，着重想象性和多样化的生活，使一切追求和努力都归结为对人本身的关怀。人文精神概括并包容了科学精神、艺术精神和道德精神。最近几百年，科学技术推动了人类社会的发展，于是出现了"科学主义"的思潮，把科学作为万能之物而忽视对人的关怀，这是需要避免的。

2.3.2 人文社会科学论文选题方法

和理工科以科学问题为导向的选题方法不同，人文社科论文的选题，主要在于对社会现象作出解释和预测。解释是对已经发生的事实作出说明，预测则是对尚未发生的事情作出预度。其主要选题方法有以下几种。

1. 社会调查法

社会调查是指一种特定的人类社会实践活动。研究者为保证其社会调查活动朝着预定的方向进行，达到了解和认识社会的目的，需要运用一定的手段、工具和方式。人文社科专业和社会的关系非常密切，社会调查方法是论文选题最重要的方法。很多学校都开展"暑期大学生社会实践活动"，让学生深入乡村、企业开展调查。毕业论文就可以以某一个调查为入口，进行选题。

2. 综合法

我们在社会上经常看到很多现象，把这些现象的各个部分、各个方面和各种因素联系起来，从总体上认识和把握现象，这就是综合法。例如，春节之后，网上有很多关于企业招工难的报道，"招工难"成为一种社会现象。我们就可以综合各种报道所列出的现象，以"招工难"为论文选题。

3. 比较法

比较法是根据一定的标准，对某一种类的现象在不同情况下的不同表现进行比较研究，找出它的普遍规律及其特殊本质的研究方法。比较法可以选择中外、古今、不同地区等比较范围，常用于法律、政策等专业选题。例如，对欧洲各国科技政策的比较研究就是很好的选题。

4. 材料提取法

材料提取是按照一定的目的收集资料，阅读所占有的文献资料，提取出自己感兴趣的问题，从而确定选题。比如，国家倡导"共同富裕"，我们就可以收集中外领袖们与共同富裕有关的文章，认真阅读，提取问题，再围绕问题开展研究。

5. 回溯法

回溯是指从事物结果或现状着手，进行逆向思维，追根究底，寻找矛盾的根源，确定选题。比如，阅读《金瓶梅》的研究论文，发现这些论文对于《金瓶梅》的评价有可疑和自相矛盾之处。我们就可以针对这些可疑和自相矛盾的评价，选择"金瓶梅评价辨析"之类的题目。

6. 移植法

移植是指借鉴其他学科的方法研究本学科的问题，在正确理解其他学科基本原理和方法的基础上，与本学科特点和规律有机地结合。他山之石，可以攻玉。例如，工程领域采用仿真方法，用计算机模拟设备或者系统的运行效果，发现设计中存在的问题。社会科学就可以将仿真方法移植过来，进行社会科学仿真实验，研究城市交通拥堵、大型聚会人员进出、顾客购买行为等问题，提高社会管理水平。

7. 怀疑法

随着经济社会环境的变化，一些理论、方法、思想、观念等都可能失效。大学生可以持怀疑态度，对已有结论、常规、习惯、行为方式等合理性做非绝对肯定或否定判断，从中发现新问题。例如，以前的经济学中有"边际效用递减理论"。随着网络交易的发展，电子商务网站往往呈现"边际效用递增"的特性，有可能否定"边际效用递减理论"。我们就可以以此为选题，研究哪些条件下会出现"边际效用递增"现象。

再如，徐同学读《左传》"周公杀管叔而蔡蔡叔"，对于"蔡蔡叔"这个说法很疑惑。查阅资料，发现前人对第一个"蔡"的解释，有"放逐""杀"等多种之意。于是徐同学就选择研究这个考证的问题，查阅训诂学、语言学、历史等典籍，查阅周公、管叔、蔡叔的历史，提出了自己对于第一个"蔡"的解释。在研究过程中，徐同学还学到了很多中国文字、历史、文化、姓氏等知识，思想境界也得到升华。

8. 积累汇聚法

积累汇聚法就是在平时的学习过程中，将自己闪现的思想火花和奇思妙想记录下来，将看到的"有用"资料收集起来。论文选题的时候，回顾这些火花、妙想和资料，产生创造性的思想，作为论文选题。例如，有同学出生于农村，对与农村相关的问题很感兴趣，收集了很多相关资料，自己平时也有很多想法。选题的时候，产生了"第三方信托农村土地流转"的想法，作为自己的选题。

9. 拟想验证法

拟想验证法是指先有拟想，而后通过阅读资料、进行调查等验证来确定选题的方法。例如，某同学围绕"弱势群体保护"的问题，根据自己的观察，阅读了大量资料，提出了"弱势群体职业保护"的想法，就是让政府出台一些政策，强制或鼓励企事业单位聘用残疾人，这个想法成为她的论文选题。

具体采用哪种选题方法，和同学们的兴趣、平时积累有关，和导师的研究有关，需要听取导师意见。

2.3.3 人文社会科学大学生选题步骤

毕业论文选题，建议分为四步走。

第一步，大致选择研究方向。

大学生承载着国家的未来，论文选题首先要结合国家需求。比如，国家倡导"共同富裕""人类命运共同体"，这和马克思的共产主义学说是一脉相承的，围绕其选题就很有意义。其次本学科出现了一些新思想、新理论、新方法，以及新的发展趋势，选择这样新的领域深入研究，容易出成果。最后，所在学校、专业或导师在某些领域形成了一定的特色，在特色领域选题，可以借鉴导师和同门的很多研究成果，让自己的研究更深入，还能强化学校的特色地位。

第二步，考虑个人志趣。

个人志趣包括个人爱好和未来发展的志向。因为爱好，你以前可能在某些领域积累了很多知识和资料，对你毕业论文的研究很有帮助。因为志向，你要为未来走上工作岗位或读研做好准备。因此，志趣是选题的重要因素。

第三步，选择理论研究或者应用研究。

1. 理论研究的选题

理论研究选题，就是从现有的理论中找到选题，主要有五种渠道。

（1）中外比较。针对某种场景，中外都有相似的理论或文本。我们就可以分析、比较其相同和不同之处，并分析产生差异的原因。例如，中西方哲学里有多个"乌托邦"的描述，我们可以从基本概念层次、理论描述、历史实践等方面，分析对比不同的"乌托邦",写出有关乌托邦中外比较的毕业论文。

（2）古今演变。有些理论经历了漫长的发展过程。我们可以沿着历史的脉络，探索其演变规律。比如，儒家学说由孔子创立，经孟子、董仲舒、程朱理学、陆王心学一直到明末清初的王夫之，儒家学说不断完善。如果把儒家学说或者其中一段发展演变写清楚，就是一篇很好的论文。

（3）理论批判。有些理论的形成有一定的基础，随着时代发展，可能会出现很多破绽。针对该理论的局限性进行批判，也是很好的选题。例如，20世纪90年代，美国学者福山出版了一本书《历史的终结》，他提出，自由民主可能是"人类意识形态进步的终点"与"人类统治的最后形态"，并导致"历史的终结"。但是，现在世界"反全球化"等趋势，宣告福山观点的失败，可以以"《历史的终结》的批判"写一篇论文。

（4）当代价值与影响。有些理论可能大家没有关注，但和最近国家的一些政策或导向有关，可以以该理论的当代价值为题阐述其对于当下的理论建设或社会进步有什么影响或者启发。例如，毛泽东的《矛盾论》已经提出80多年，对于我们今天分析国内外各种矛盾依然有重要的价值。再如，马克思劳动价值学说对互联网时代分配方式的价值、阳明心学对日本明治维新的影响等，都是好的选题。

（5）原著研读。如果对某个理论本身感兴趣，可以对原著进行深入解析，也许有新的发现。细读文本，找出作者是如何表达观点的，观点又是什么，从中发现原著的价值或者不足。

2. 应用研究的选题

应用研究，就是针对社会上的各种问题，通过调查研究明确问题及其产生的原因，运用人文社会领域的理论，提出解决问题的方案或建议。例如，当今社会的脱贫问题、弱势群体保护问题、贫富悬殊问题、环保问题、大学生就业难问题、中小学教育资源不公问题、社会养老问题等，都值得研究。

这样的选题很有意义，但是调查与数据处理过程需要花很多时间，研究工作量较大，对于本科毕业论文是挑战。如果能迎难而上，作出像样的研究，就可以取得很好的效果。

应用研究中，需要有理论的支撑，也就是要用一个或几个理论，指导研究过程中的调查、问题分析、解决方案设计。例如，卢梭提出的"社会契约论"强调公民团体的重要作用，以"社会契约论"为理论基础，提出扶贫工作的新思路，可能有一定的实际价值。调查过程没有理论指导,调查之后提出解决问题的对策时,缺乏理论依据,就事论事,这样的应用研究价值就有问题。

第四步,选题评估。

用 2.1.5 节的选题漏斗,对所选题目进行研究意义、创新性、可行性评估。如果不满意,则返回前面的第一步、第二步,重新选题。

2.4 工程技术专业选题

2.4.1 工程技术专业的定位和解读

1. 工程技术专业及其毕业论文定位

工程技术专业(工科)是应用数学、物理学、化学等基础科学的原理,结合生产实践所积累的技术经验而发展起来的学科。主要研究对象为应用技术和工艺开发。工科专业分类见表 2-5。

表 2-5 工科专业分类

工科分类	一级学科	一级学科数
传统基础工科	机械工程、化学工程、电气工程、土木工程、建筑学	5
基本总体工科	化工、材料、环境、生医、机械、仪器、光工、动力、力学、土木、水利、建筑、电工、电子、通信、控制、计算机等	17
新工科	大数据、云计算、人工智能、区块链、虚拟现实、机器人工程、智能建造、光电信息科学与工程、计算机科学与技术、物联网工程、数字媒体技术、新能源科学与工程、车辆工程、航空航天工程、船舶与海洋工程、机械设计制造及其自动化等	>15

除了上述工科专业,像医学中的医疗设备、农学中的农业机械、化学中的材料工程、管理学中的物流技术等,虽然分类是理科、管理,但实际内容是工科,应按工科的方法选题。

工科的培养目标是在相应的工程领域从事规划、勘探、设计、施工、原材料的选择研究和管理等方面工作的高级工程技术人才,强调实际应用能力。因此,工科的论文定位是技术应用型论文,用技术手段解决实际中的技术或工艺问题。

2. 工程技术问题有哪些

工程技术领域主要从事产品开发、工艺开发、工程项目建设、软件开发、系统设计等方面的工作。选题就要围绕这些工作,从中发现问题。

（1）产品开发。企业改进老产品或开发新产品，使其具有新的特征或用途，以满足市场需求的流程。这里面有几个关键：①这里的产品是广义的，既可以是航天飞机、盾构机、高铁这样的大件，也可以是其中的一种新材料。②开发的产品要有新特征或新用途，不能照搬以前的产品。③要满足市场需要，否则浪费时间和金钱，这是管理学要研究的问题，需要工程技术人员具备管理思维。开发流程、产品性能改进、市场分析、性能实验等，都是可以研究的问题。

（2）工艺开发。工艺规程设计和工艺装备设计的总称。简单来说，就是设计产品生产的规程、开发工艺装备（简称"工装"，是制造产品所需的刀具、夹具、模具、量具和工位器具的总称）。我国高端制造业落后于西方发达国家，很大程度上是因为工艺落后。要振兴中华，年轻人就要积极探索新工艺，提升我国制造工艺水平。实际上，工艺改进甚至可以颠覆行业。

> "90后"小伙子韩东成毕业于中国科学技术大学。2018年，他带领团队研究等效负折射率平板透镜的工艺问题，成功攻克难关，开发出负折射的"神奇玻璃"，成本只有日本的1/3。在此基础上开发了"可交互空中成像"技术，推出了非接触式按钮、医院无屏幕自助终端等产品，短短几年就位于世界前列。

（3）工程项目建设。包括房屋、公路、铁路、桥梁、水坝、水处理等。中国在建设施工技术、设备和管理等方面走在世界前列。其中有施工技术、施工工艺、项目管理等很多问题值得研究。同学们可能注意到，以前盖房子是一块块砖砌出来的，用木板做楼板，后来改用水泥板做楼板，再往后是整体浇注楼板。以前盖房子，可能一个月才能盖一层楼，现在最快的可能是一天一层楼，而且可以从上往下盖。建筑技术和管理飞速发展，未来需要同学们开拓新的施工技术和方法，不断创造辉煌。

（4）软件开发。21世纪是信息社会，互联网越来越普及，深入我们生活、工作的方方面面，和我们联系密切的，除了硬件，就是手机和电脑中的各种软件。软件一般分为三类：①系统软件主要指操作系统、网络系统和数据库，是基础软件。②程序设计语言是软件的开发工具，如C语言、Python语言等。③我们常用的，也是计算机相关专业学生经常开发的，是应用软件，如微信、企业管理信息系统、网站、自动驾驶软件、魔兽游戏等，分为手机版和电脑版。这里面有大量的课题，如软件架构、开发技术、开发过程管理、软件测试、软件维护等，其中很多问题值得研究。

（5）系统设计。这里指的是广义的系统，一般由硬件、软件和人组成。硬件可以是计算机、传感器、执行设备等。软件是控制各种设备协调工作的"血液"。人分为服务提供者（厂商）和服务接受者（顾客）。仅以铁路系统为例，就有火车售票系统、进出站管理系统、广播系统、火车调度系统等。大系统可以拆分为若干相互联系的子系统，如卖电子车票的售票系统、识别顾客的进站管理系统等。系统设计与开发，需要很多不同专业背景的研究人员一起工作，大学生可以在其中承担一小部分工作，发现值得研究的问题。

2.4.2 工程技术专业选题方法

工程技术专业学生选题方法主要有调查法、观察法、测量法和实验法。这些方法，在前面的理科、人文社科专业选题中已有介绍。下面用一些例子说明如何发现问题。

某材料专业的同学在参加老师的课题时发现，传统光交联体系由不饱和树脂或单体以及光引发剂组成，其中的光引发剂成本高，还可能导致污染。他和老师讨论，提出研发一种无光引发剂的光交联体系。论文题目为《无光敏剂光交联体系研究》。

丁老师和学生一起参观邮政快递分拣现场，几百台小黄人飞奔送货，场面很壮观。但仔细一看，发现有些地方若干台小黄人挤在一起"趴窝"。通过交流得知，小黄人是通过中央控制系统调度的，存在通信不畅、算法落后、档口设置不合理等很多不足。针对这个问题，丁老师和学生一起发明了一种分散控制的分拣机器人调度方法，准备申请专利，并让学生围绕这个问题写毕业论文，题目是《基于分散控制的分拣机器人调度方法》。

马同学是信息系统专业学生，在去电信公司调研时，发现投诉非常多，投诉管理很重要。而传统的投诉管理流程依赖座席员的经验处理，准确度有限、成本高、效率低。于是马同学提出用计算机分析处理投诉文本，论文题目是《电信投诉文本分类算法及应用》。

吴同学要参加物联网大赛，联想到某公司家电仓库很大、人工盘点费时费力，于是提出用无人机拍照、通过图像分析计算库存的方案。参加大赛获奖后，以此写毕业论文，题目是《无人机在大型家电仓库库存盘点中的应用研究》。

葛同学来自"剪纸之乡"，大学学的是数字媒体技术专业。她发现民间剪纸技术掌握在老年人手里，很多年轻人都不愿意学，技术有失传的趋势。她就想用数字媒体技术，扫描记录经典图案，在计算机上对图案进行编辑，通过激光切割机裁剪，既能剪出更复杂的图案、提高剪纸效率，又可以将民间技艺传承下去。以此写论文，题目是《数字媒体在民间剪纸技艺中的开发与应用》。

2.5 管理专业选题

2.5.1 对管理专业的定位和解读

1. 管理专业及其毕业论文定位

管理专业是大学生人数最多的专业之一。管理学包括 5 个一级学科，学科分类见表 2-6。

表 2-6 管理学专业分类

一级学科	二级学科	二级学科数
管理科学与工程	管理信息系统、工程管理、项目管理、管理科学、工业工程、物流供应链管理、物流工程	7
公共管理	公共事业管理、行政管理、劳动与社会保障、土地资源管理、城市管理、海关管理、交通管理、海事管理、公共关系学、健康服务与管理、海警后勤管理、医疗产品管理、医疗保险、养老服务管理	14
工商管理	工商管理、市场营销、会计学、财务管理、国际商务、人力资源管理、审计学、资产评估、物流管理和文化产业管理	10
农林经济管理学	农业经济管理、林业经济管理	2
图书馆、情报与档案管理	图书馆学、情报学、档案学、信息资源管理	4

管理专业强调对应用人才的培养，因此论文应该是应用型的，即运用管理学理论和方法，解决实际管理问题。例如，运用 4P 理论解决销售业绩下滑问题，运用精益生产理论解决生产效率低、成本高的问题，运用平衡记分卡方法解决绩效考核问题，运用竞争战略理论解决战略制定问题等。

近年来，管理科学与工程、工商管理等专业有不少理论性的研究，旨在探索管理科学的基本理论和方法。这类研究和理科的研究很类似，都是探索变量之间的关系，可以用理科的方法选题。

2. 管理中的实际问题

管理中的实际问题，就是在政府、企业、事业单位的实际中出现的管理问题。例如，政府办事效率不高、养老金支出过快、企业销售业绩下滑、医院病人满意度不高、乡村振兴战略能给农民带来哪些收益、信息时代档案利用不足等。这些问题，都是管理类专业毕业论文的选题范围。

3. 研究方法

管理专业常用的是市场调查法（3.3节）和实证法（第7章），具体介绍请见后续章节。

2.5.2 发现管理问题

管理类论文的选题，要紧密围绕企事业单位经营管理过程中面临的各种问题，选择对中国特色社会主义现代化建设有利的问题。大学生还没有实际工作经验，如何发现管理问题呢？可以运用观察法、趋势法等方法。

1. 观察法

要求学生深入实际，到政府、农村、企业、事业单位（如医院、养老院等）调研，和管理人员交流，发现问题。这些年，很多学校开展"三下乡""创新创业"等活动，安排学生接触实际，为学生发现问题提供了非常好的机会。大家应抓住机会，从实际中发现需要解决的管理问题。

例如，刘同学"三下乡"期间和乡镇干部有深入接触，了解到他们工作内容很多、任务繁重、责任重大。作为办事员责任还小一点，如果被提拔到高一级的乡镇长位置，压力更大，导致很多人不愿意被提拔。刘同学就选择"乡镇干部不愿意提拔"为题，通过对多地乡镇干部的调研，写出了很有价值的论文。

再如，胡同学到国企、民企参观，发现民企办事效率很高，很有创新性。于是他就产生了对国企与民企创新性进行比较的想法，从创新动机、创新机制、创新方法、创新措施等方面进行研究。论文题目为《国企与民企创新性比较研究》。

2. 趋势法

要求同学们跟踪经济社会发展趋势，发现新机遇、新政策、新技术、新方法，从中选择需要研究的问题。比如，这几年"一带一路""乡村振兴"很火，有很多发展机遇。国家关注社会养老、农村电商飞速发展、中小学教育减负、共同富裕、创新人才培养、区块链、二次元等，这些都是新事物，我们就可以从中发掘问题，作为毕业论文的研究方向。下面举几个例子。

小陈学的是行政管理专业。他注意到，农民在城市务工有很多风险。很多人出现生病、工伤等问题时，需要自己花很多钱，有些人因此倾家荡产。而保险具有分摊损失、经济补偿等功能，如果买了保险，就可以避免大的经济损失。因此，小陈想调查进城务工人员买保险的问题，并以此写毕业论文。论文题目为《某市进城务工人员保险状况调查报告》。

小孙学的是工商管理，毕业之后准备去企业工作。于是他利用业余时间通过亲戚介绍去企业调研。在与企业人员交流的过程中，小孙发现，有的企业的员工很稳定，有的企业的员工离职比例很高。他对员工为什么离职的问题很感兴趣。经过和导师讨论，小孙决定选择员工离职作为毕业论文的选题。论文题目为《企业员工离职问题的实证研究》。

小胡的专业是物流工程。近年来，电商发展迅速，快递日益普及。通过走访快递公司、菜鸟驿站，观察小区快递柜的运行，和快递小哥交流，小胡发现"最后一公里"问题依然存在。他就想，能不能进一步研究，更好地解决"最后一公里"物流配送问题。论文题目为《快递配送"最后一公里"的困境与出路》。

小徐来自农村，学的是农业经济管理专业。国家很重视农业、农村、农民的问题。通过假期在家乡的观察和交流，他对农业产业化发展的问题很感兴趣，因此准备研究电子商务时代农村产业发展问题。论文题目为《基于电商的农村产业发展研究》。

2.6 为论文选个好题目

论文题目放在论文的最开始，是文章的名片。好的题目让读者眼睛一亮，产生好感，也能使自己的写作思路更清晰。如果题目表达不好，读者不知道你想研究什么，就不会对论文有好评。

2.6.1 论文标题的四要素

我们先来看几个毕业论文题目的例子。

《纳米天线的模式激发与操纵》

《观赏虾与水草套养模式研究》
《广告中传统文化的传承研究》
《导航机器人行走机构的设计》
《农村集体养老模式探索》
《跨境电商物流流程分析》
《基于遗传算法的机器人路径规划》

从以上题目，我们基本上能看出作者想研究什么问题，这样的题目应该都是可以的。

一般来说，论文题目包括研究对象、研究方法、研究主题，反映了作者准备围绕什么主题、用什么方法、如何开展研究。有些标题中还包含所采用的算法。研究对象、研究方法、研究主题、算法，组成论文题目的四要素。

（1）研究对象。被研究的个人、群体或组织，或者是研究所指的其他社会单位，如个人、家庭、社区、各类专门人群以及各类组织等。也可以是某些事物，如纳米天线、广告、机器人等。研究对象清晰，就可以让读者瞬间理解你研究的问题是在哪个范围展开的，对研究环境有清楚的认知。

（2）研究方法。就是采用什么方法研究。如前所述，研究方法有建模、实证、调查、质性、实验等多种。标题中最多可以列两种研究方法。如果一项研究采用三种以上的方法，往往就不在标题中列示。

（3）研究主题。论文研究的主要问题。如上面例子中的模式激发、模式操纵、套养模式、文化传承、物流流程、路径规划等。研究主题贯穿于研究的全过程，从问题定义、文献回顾、研究设计到研究展开、结论，都需要紧密围绕研究主题，否则就是"主题不明、主题不突出"，那就有很大问题，在开题、评审和答辩中都很难通过。要使文章的主题突出，详见 11.1 节。

（4）算法。求解问题的方法，是如何解决一类问题的明确规范，可以执行计算、数据处理、自动推理和其他任务。如果论文中有复杂的模型需要求解，就需要用各种算法。如果算法选择得好，可以为论文加分。论文标题中出现算法，需要两个条件之一：①这个算法是求解问题唯一或者最主要的算法。②算法本身在论文中得到研究或者改进。

这四个要素中，研究对象、研究主题是必需的，其他两个可以有，也可以没有。

2.6.2 标题中的用词问题

1. 标题中用词的基本原则

（1）客观性。所用的词，需要名副其实，体现客观性。有些论文标题属于"标题党"，哗众取宠，华而不实，与研究内容不符，这是要避免的。

（2）科学性。毕业论文是学术研究，要尽量采用学术语言，避免大实话、俚语、俗语或行业用语。

（3）先进性。要尽量采用新的研究方法，追踪新的研究主题。例如，基于大数据、区块链技术的研究方法，量子信息、人工智能、中医科学、人体科学、危机管理等都是较新的研究课题，如能进行前沿探索，就很有价值。

（4）简洁性。能简化尽量简化。比如，研究对象是"某某集团股份有限公司"，标题中可以用"某某集团"。有些研究方法名称很长，标题中可用英文缩略语代替，如标题中用 VMI，正文中说明 VMI 是供应商管理库存（vendor managed inventory）。

2. 研究对象

（1）研究对象的范围。有的同学认为，研究对象越大，研究越有意义，其实不然。研究对象的范围太大，给调查研究、数据收集、问题分析都带来很多工作量，研究难度大大增加。例如，某同学想研究民营企业的"家族传承"问题。由于全国各地、不同行业的发展水平、历史、文化、企业家素质等都有很大不同，如果研究全国的问题，很难获得数据，还不如选择一个容易进行调查、获得数据的县或者市，让你的研究内容和标题相符，研究成果同样很有意义。

（2）研究对象的名称。研究对象可以是个人、组织或者事物，能用真实名称最好。如果用真名，有的组织名称很长，建议用简称。例如，四川省宏图环境保护集团，可以简称宏图集团，在摘要和正文第一次提及"四川省宏图环境保护集团"的时候，说明其简称为"宏图集团"。有些单位不允许论文用真名，这种情况有两个解决办法：①用英文代号，如"HT集团"，但是有的学校不允许用英文代号。②用虚拟的名称，如用"航藤公司"代表"宏图集团"，在摘要和正文说明"航藤公司"是一个虚拟的名称。

3. 研究方法

采用新的研究方法，往往是论文的亮点。在选题阶段，选择的研究方法往往是初步的，应尽量选择新方法，按照新方法的要求开展研究。后续如果发现这个方法不合适，还可以重新选择方法。

4. 研究主题

一般情况下，一篇论文只有一个主题。少数情况下，可以有两个主题，但这两个主题是紧密相关的，如"模式激发与操控"，其中"激发"与"操控"是紧密相连的两个环节，相互作用。有的标题中列出的主题是并列的两件事，这是不允许的，即使博士论文都不可能有两个关系不紧密的主题。

研究主题必须是一个学术界公认的概念，如文化传承、路径规划等。如何判断研究主题是否被学术界公认呢？很简单，到百度上搜一下。如果在百度百科、知乎或者其他地方有权威解释，那就没问题。如果搜不到权威解释，那个词所代表的意思就不是公认的，就不能做研究主题。例如，有一篇文章的标题是《西玛公司员工管理改进研究》。从字面分析，研究主题是"员工管理"。但是你用"员工管理"这个词去百度搜索，找不到权威的解释，这个研究主题就需要修改，用别的、公认的词。"员工关系管理"就是一个公认的概念，可以作为研究主题。

2.6.3 论文标题的其他要求

1. 标题的字数问题

按照学位论文的要求，论文题目一般不超过25个汉字，不能出现公式、不熟知的符号、标点符号等。如果用缩略语，要容易让人理解其含义。要使用词组，不要用完整的句子，如疑问句。

2. 主副标题问题

论文大标题也称为主标题，是文章总体内容的体现，要恰如其分地概括文章内容，精练、醒目。有些论文还有副标题。副标题的主要作用有两个：拟定的主标题范围太大，用副标题加以限制；主标题言而未尽，副标题起补充作用。

例如，某论文研究"小学音乐课堂教学的有效性"，范围偏大。增加"以学生为主体""以小学三年级为例"两个限定词，改成"如何以学生为主体实现音乐课堂教学的有效性——以小学三年级为例"，其研究对象、研究范围、研究主题一目了然。

一般来说，毕业论文不推荐用副标题。如果主标题范围太大，应该缩小其研究范围，使标题和内容相符。如果用副标题对主标题做补充，可以将补充内容融入正文，将关键词融入主标题中。我们分析一个主副标题组合《农村医疗保险制度研究——以怀宁县为例》。

推行农村医疗保险是国家政策，但在执行中，除了农民缴纳保险费外，还需要各地（省、市、县）提供资金支持。各地财政状况不同，执行力度有差别，因此各地保险制度有所不同。这个题目有两种改法：①将关键词"怀宁县"纳入主标题，成为《怀宁县农村医疗保险制度研究》，直接研究怀宁县的农村医疗保险制度，其他地方的医疗保险制度只是作为参考。②维持原状，但是在研究中，要从全国的农村医疗保险制度研究（现状调查、问题分析、解决方案）中形成成熟的模式，再把怀宁县作为应用案例。如果现状调查和问题分析都在怀宁县，就不应该用主副标题。

3. 避免出现其他问题

论文体现作为一个中国公民的基本要求，应维护党的领导，坚持人民民主专政，体现社会主义核心价值观，传递正能量。在对待党的路线、方针、政策上的大是大非问题和敌我问题上，论文的根本立场和态度要同党中央保持一致。涉及政党、民族、宗教等问题，要和党中央保持一致。论文要体现对于国家法律的维护，对于贪污、腐败等违法犯罪，要旗帜鲜明地反对。

此外，论文中涉及的单位、个人，都不应该有政治和法律方面的问题。因此，在进行研究之前，要对研究对象涉及的单位、个人进行一定的调查，防患于未然。尽量不引用领导的讲话。

本章思考题

1. 你所在专业，常用哪些研究方法？
2. 如果你以前发现过值得研究的问题，你是如何发现的？用了哪些发现问题的方法？
3. 选题漏斗包括哪几个环节？你所在专业选题的意义主要有哪些？
4. 你准备如何选择毕业论文研究的问题？

第 3 章　开题报告

🔍 **本章导读**

开题报告并不是仅仅确定论文题目，而是需要进行前期研究，制订论文研究计划。在撰写开题报告之前，需要先行完成选题、进行初步调查、查阅有关文献、设计研究方案、设计论文结构等工作。

本章介绍开题报告的内容，如何查资料、做调查、写开题报告。最后介绍研究方法和论文类型的关系，引出后面的几章。

开题报告，就是当论文方向确定之后，作者在调查研究的基础上撰写的报请导师、学校批准的选题计划。它主要说明这个论文有必要进行研究、自己有条件进行研究以及准备如何开展研究等问题，也可以说是对论文选题的论证和设计。开题报告是提高论文质量和水平的重要环节，可以有效保证按计划完成论文，避免研究和写作过程中走弯路、浪费时间。

3.1　为什么要写开题报告

1. 撰写开题报告的目的和作用

（1）撰写开题报告的目的。通过文字形式，明确研究的问题和研究思路。提请导师和学校相关老师帮助论证，完善研究计划，指导后面的写作。

（2）撰写开题报告的作用。①确定研究的方向和基本观点，避免走弯路。②确定研究范围、计划和重点，便于收集资料。③促进论文的构思。论文的开题过程就是论文的构思过程，通过反复推敲，才能明确研究思路和计划。

2. 什么时候开题

一般来说，要在大学生课程快结束的时候开题。有些学校还要组织开题答辩，请老师对同学们的选题进行论证，提出完善建议。但是，论文选题越早越好。早早选定研究方向，有时间收集更多的资料，对问题认识更深刻，写开题报告就会驾轻就熟，更有利于后期论文的研究和写作。有些学校安排学生在大一、大二就进实验室，让同学们能尽早接触研究，也为毕业论文写作提供了很好的条件。

3. 开题报告撰写之前的工作

有些同学认为，开题只是写一个题目，这是不对的。撰写开题报告之前，需要进行一定的研究，查找并阅读相关资料、进行初步调查、分析初步的问题、提出初步的解决方案。开题以后，在研究和论文写作阶段，再深入、细化这些初步的工作。一般来说，开题报告写好后，研究工作已经完成30%左右。

4. 开题报告的变更

开题报告通过后，方可进入论文写作阶段，原则上不能随意改题。如确有特殊原因需改题，须写书面报告，经指导教师签署意见，院（系）负责人审批后，报教务处备案，重新开题。随着研究的深入，发现原来的想法有偏差，如果题目不改，可以对研究方案、内容做一定的变更。

论文开题之后，同学们就进入（或继续）研究工作。研究过程少则几个星期（如专科生的调查、实习），多则几个月（如本科生的课题）、几年（如研究生的研究），中间存在很多不确定性。可能需要对研究方法、技术路线、实验方案等进行调整。等论文写作结束后，可能需要对开题报告进行修改，使其和最终的论文一致。

阅读本书后面的章节，了解论文写作的整个过程，可以从宏观上把握研究方向，避免走弯路。查资料、做调查、做实验等过程中，需要将有关内容制作成卡片（纸质或电子版均可），积累素材，并对卡片编号，便于后期写作过程中采用。

3.2 如何查资料

要做好毕业论文的研究工作，需要学习知识、明确问题、了解前人的成果，这都需要查文献、收集相关数据。本章介绍收集资料的渠道，如何通过互联网、网络学术资源和实际资源获取资料。

3.2.1 收集资料概述

收集资料在研究中占有非常重要的地位，学会查资料是重要的研究能力。有的学校开有"文献检索"课程，一定要认真学习。网上（如 B 站）也有类似的课程可以学习。

1. 收集资料的目的

（1）学习知识。虽然我们已经学了很多的课程，但要研究某一个具体问题时，课本上的知识是不够的，需要进一步学习。学习知识就可以让知识体系更丰富，书籍、资料看多了，知识就会不断深化。此外，我们对很多概念、理论、方法的理解还不深入，需要通过学习进一步明晰。

（2）明确问题。做研究、写论文，首先要找到问题。我们在提出问题的过程中、初步确定问题之后，都需要查资料，看看这个问题是否已经解决、价值如何、是否是伪问题，从而甄别、精准确定要研究的问题。

（3）了解前人的成果。通过查找文献，了解别人是如何研究的，已经取得了哪些成果，使我们能站在前人的肩膀上进一步研究。

（4）收集相关数据。这里的数据，包括数据表、信息动态等。可以通过数据发现问题、分析问题。提出解决问题的方案之后，还需要数据验证解决方案是否可行、科学、先进。

2. 收集资料的范围

收集资料是为论文研究服务的，因此，收集资料的范围主要包括知识性的、研究性的、实证性的。

（1）知识性的资料。课题所需要的知识，如研究宋史，就要掌握历史学的系统知识、研究方法和工具。

（2）研究性的资料。也叫文献资料，包括期刊论文、学位论文、会议论文集等。这类资料都是经过专家评审的，很严谨，是研究工作主要参考的资料。

（3）实证性的资料。和实际相关的资料。比如，你的研究涉及某些企业、行业或社会，就要找相应的资料，包括场景资料、现状资料等，用于发现研究的问题、验证解决方案。

3. 收集资料的主要渠道

收集资料的主要渠道包括互联网搜索引擎、网上书店、实体书店、图书馆、网络学术资源和实际资源等。收集资料的渠道及其主要查找的对象如图 3-1 所示。

书店、图书馆的好处是直观，可以方便翻阅，快速浏览。不足也很明显：专业期刊少、书籍出版周期一般较长。下面我们主要介绍如何通过互联网搜索引擎、网络学术资源和实际资源获取资料。

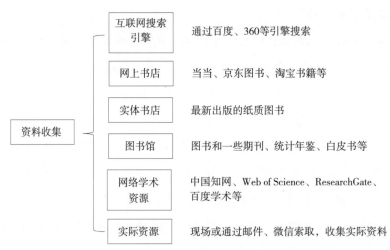

图 3-1 收集资料的渠道及其主要查找的对象

3.2.2 如何通过互联网查资料

互联网查资料，就是通过百度、360、必应等搜索引擎查资料。好处是资料非常丰富、基本没有成本。

（1）利用词条搜索。在浏览器页面输入要查询的关键词，搜索出相关的网页、文章（文库中）等。有时候单个关键词搜出来的东西太多，可以同时输入多个关键词，中间用空格隔开搜索。

（2）利用相对专业的资源。例如，百度百科、百度知道、知乎等，对于具体的名词、概念、理论、方法等，有比较权威的解释，可以帮助我们学习知识、理解概念。

（3）利用专业论坛。例如，智能制造网汇集了与智能制造相关的咨询、技术、产品、方案等，有很多可以借鉴的资源。国家节能减排网上有知识普及、行业节能减排、展览会议、前沿技术等相关内容，对研究节能减排很有帮助。

但这些搜索引擎检索出来的资料非常庞杂，多是新闻性文章，或是一般性论文，并非专业的学术论文，权威性不足。需要甄别资料的可靠性，可以作为初期查询资料的工具，不要轻易作为文献引用。

3.2.3 如何利用网络学术资源查资料

网络学术资源有中国知网、万方数据、百度学术、Web of Science 等。这上面的资料有期刊论文、学位论文、会议文集、专利、标准等，都是权威发表或发布的。其中 Web of Science 收集了全世界 SCI 文章，是查询国际学术论文的最常用渠道。很多学术资源（如中国知网、Web of Science 数据库）都是收费的，需要注册才能看到原文。不过很多大学都购买了使用权，通过校内网去访问就可以查看原文。

我们写论文的时候，需要了解前人对于这个问题有哪些研究。比如，研究"车辆路径规划"问题，你在百度搜索"车辆路径规划"，会出来近 2 万个结果，其中绝大部分是新闻、网页信息，学术性不够，需要到专业网站去查找。

这里介绍通过中国知网检索文献的方法，分为三步。

第一步，关键词检索。进入中国知网（一般通过学校图书馆的链接进去），搜索栏输入关键词"车辆路径规划"（图 3-2），输入框下面出来多个关于"车辆路径规划"的主题，如果选"车辆路径规划方法"，出来文章列表 100 多篇。列表是按相似度排序的，可以找到你感兴趣的文章下载学习。

第二步，文献追溯。通过文献综述追溯密切相关的论文。单击左上角的"学位论文"（图 3-3），可以查看博士、硕士论文，按相关度排序，排在前面的文献对你很有价值。再到各篇论文文末的参考文献中，选出经典文献（发表时间比较早、大家都要引用的文献）。如果是外文的，需要到 Web of Science 下载原文。

第三步，发现最新的研究文献。第二步可以找到经典论文，但经典论文一般发表时间较久。因此，需要找到最新的文献。方法是在网站 www.researchgate.net 中输入论文题目，找到并打开该文章，找到文章的"citation"，可以看到该文献的引用列表，按时间排序就可以找到最新的研究。

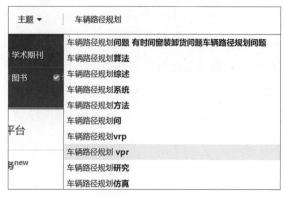
图 3-2　知网搜索框

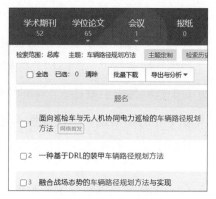
图 3-3　论文检索页面

Web of Science 等有更丰富的文献，查询方法可能要复杂一些，不过原理差不多。

3.2.4　如何收集实际资料

实际资料是指政府、企业、事业单位等的资料，对于我们有些研究是必不可少的。如果要开发一种机器人，就要去使用单位收集使用环境、需求等资料。如果研究企业管理，就要去企业收集生产经营状况的信息。

政府与企事业单位的信息非常多，不可能也没必要全部给你。因此，收集资料的时候要做三件事。

（1）明确研究需求。你的研究中，发现问题、分析问题还是验证方案，哪些环节需要实际资料？要做好功课，最好把具体需要资料的若干表格设计出来，每个表格有哪些栏目、每个栏目的要求和解释、需要收集资料的范围（如机器人加工的工件参数），越具体越好。让提供资料的单位填表给你，保证资料准确有效。例如，马同学研究"服装制造业供应链"问题，需要了解其中的羽绒供应链。马同学希望收集的信息如下：

> 课题名称：××省服装制造业供应链研究
> 需要资料：羽绒供应链各环节的相关数据
> 资料清单：
> 羽绒产地信息（表1）

羽绒贸易商信息（表2）

过去3年羽绒交易价格信息（表3，用于了解价格波动规律）

羽绒利用信息（表4）

表1格式：

产地名称	羽绒类型	年产量	主要养殖方式	羽绒特点
地市/县	鹅绒/鸭绒	×吨	家庭/农场等	

表3格式：

年/月	羽绒类型	交易者	交易价格	备注
例202201	鹅绒/鸭绒	贸易公司	×元/吨	

（其他表略）

有明确的需求，对方也好准备、提供信息。

（2）找到合适的人索取资料。政府、企事业单位有很多部门，你需要的数据也可能涉及很多部门。如果找到高层领导，让他布置下去，获取资料的可能性就比较大。通过信息中心收集资料可能最快，但是需要取得单位领导的许可。

（3）注意保密。尽量不收集涉及个人隐私（如姓名、手机号码等）和企业机密的信息。对于取得的信息，也要严格保密，防止泄露秘密。

3.3 调查研究

调查是科学研究的重要环节。有些学校开设了诸如"社会研究方法""教育研究方法""商业研究方法"之类的课程，对学生进行包括调查在内的科研训练。如果没有开设此类课程，可以上B站，找调查方法、市场调查或研究方法的相关课程视频自己学习。调查设计需要明确调查目的、调查方法的选择与评估、调查表的设计，然后实施调查。调查结束之后，需要运营SPSS、Matlab之类的软件对数据进行处理，获得明确的调查结论。

3.3.1 调查的方法与过程

1. 调查方法

在人文社科、工程技术和经济管理论文研究过程中，调查工作往往是必需的环节。有些调查，存在目的不明、问卷设计不合理、样本选择随意、调查过程不规范、结果处理无方法等问题，这样得出的研究结论可信度差。

调查方法有很多，常见的有访谈调查法、问卷调查法、实地观察法和行业调查法等。

（1）访谈调查法。对于问题不很明确的研究，需要找一些人当面访谈，获取有益的信息。适用于调查对象差别较大、调查样本较小或者调查内容不很清楚等情况。访谈的方式有个别访谈、集体访谈、电话访谈、微信访谈等。为了取得更好的访谈效果，对访谈对象可以分类选择，如企业访谈可以选择若干高管、中层干部和基层员工。

访谈之前，需要针对不同的访谈对象，设计访谈提纲。访谈提纲最好提前发给被访谈人，让他们做准备。举例如下：

> 访谈对象：职能部门领导
>
> 调查目的：了解其对企业文化的建议
>
> 调查提纲：
>
> （1）您的部门的业务及职责是什么？您认为如何才能更好地发挥作用？
>
> （2）您认为你们部门的文化是什么？和企业的文化是什么关系？
>
> （3）您认为哪些企业精神应发扬、哪些应摒弃？本企业要做大做强，仍需补充哪些精神？
>
> （4）请您总结一下本企业一贯倡导和坚持的工作与做事作风及风格，为什么？
>
> （5）请概述您希望的企业文化。

访谈结束后，需要分类整理，总结访谈成果。写论文的时候，正文里面写访谈成果，把访谈提纲放在附录中。由于访谈过程耗时长、成本较高、隐秘性差、受周围环境影响大，故难以大规模进行。

（2）问卷调查法。问卷调查就是给调查对象发放问卷，等被调查者填写后，收集整理得到有价值的调查结果。问卷的发放方式有邮寄纸质问卷、电子邮件发问卷、网上发布问卷等。问卷调查最大的优点是能突破时空限制，在广阔的范围内，对众多的调查对象同时进行调查，适用于较大样本、较短时期、相对简单的调查，被调查对象应有一定的文字理解能力和表达能力。例如，对政策的看法、客户满意度等，都可采用问卷调查法。

（3）实地观察法。实地观察法是观察者有目的、有计划地运用自己的感觉器官或借助科学观察工具，能动地了解处于自然状态下的社会现象的方法。比如，观察车站各处人员聚集状况以便改进区域设计、观察植物生长过程、观察顾客对某特定广告的反应等。

调查者实地观察，能获得直接、真实可靠的第一手资料，很有价值。但因该法所观察到的往往是事物的表面现象或外部联系，带有一定的偶然性，且受调查者主观因素影响较大，需要精心设计，排除干扰因素。

进行实地观察之前，需要设计观察过程，以求取得较好的观察效果。观察过程要客观记录，不要忽略细节。

（4）行业调查法。各级政府的统计局每年都会发布统计年鉴，很多行业协会等组织也会发布白皮书等资料。这些资料都是公开的，准确、权威，对于人文社会科学、管理学研究很有价值。

除上述四种方法外，还有电话调查法、会议调查法、专家调查法、抽样调查法、典型调查法、统计调查法等，大家可以根据需要查找资料或视频学习。

2. 调查过程

（1）前期准备阶段。通过网络或其他渠道收集调查对象的基本情况，进行初步分析，大致判断存在的问题。设计调查方案，包括调查目的、调查范围、调查方法和步骤、问卷设计、调查时间、调查计划的可行性、经费预算等。

（2）调查实施阶段。按照调查计划实施调查，包括访谈调查对象、发放问卷、现场观察等，获得第一手调查资料。必要的时候通过拍照、录像等保存证据，也可以通过网络获得二手的资料，丰富调查的内容。调查实施中，可以对调查计划进行局部改进。

（3）资料整理阶段。调查实施完成后，我们拥有大量的一手资料。对这些资料首先要筛选，留下有关的、重要的资料，剔除没有参考价值的资料，然后进行分类备用。最后把有关资料用适当的表格形式展示出来，以便说明问题或从中发现典型模式。资料整理过程中，发现有些地方资料欠缺，还可以补充调查。

（4）调查报告撰写阶段。根据调查目的，利用调查获得的资料进行综合分析、逻辑推理，写出调查报告，得出调查结论。

3.3.2 调查的设计

1. 明确调查目的

在进行调查之前，我们必须明确调查目的，也就是调查想要得到的结果、想要完成的任务。调查问卷、访谈提纲等是调查目的与任务的明确化、具体化。

2. 调查方法的选择与评估

调查方法主要有观察法、访问法，访问调查按照访问时的具体方式可以分为问卷法、访谈法等，其特点和区别见表3-1。

表3-1 几种调查法的特性比较

项目	问卷法	访谈法	观察法
调查范围	较广	较窄	较窄
调查对象	较难控制和选择	可以控制和选择	可以控制和选择
影响回答的因素	难以了解、控制和判断	能了解、控制和判断	无法了解、控制和判断
回收率	较高	高	较低
答卷质量	一般	高	较高
投入人力	较少	较多	较少
费用	很低	高	低
时间	较短	长	较短

随着互联网应用的普及，采用"问卷星"等网络平台发放问卷，覆盖人群面广、回收问卷多、时间快、费用低，因此经常被采用。但是这种方法反馈的问卷质量不一定很高，需要注意。

3. 调查表的设计

调查表设计也称问卷设计，其目的是设计出符合调查需要，能获取足够、适用和准确的信息资料的调查问卷，以保证访问调查工作能正确、顺利、圆满地完成。

调查表设计有几个基本原则：①与所需资料相适应，问卷必须保证获得调查所需的信息资料，并且所得资料和所需资料要相匹配。②便于开展调查工作，便于调查人员顺利发问、记录，并确保所取得的信息资料正确、无偏差。③便于被调查者回答。④便于问卷结果的处理。

调查问卷的内容一般包括以下几个部分。

（1）开场白。用一段话介绍本调查的目的、发起者、匿名声明等，让参与调查者信任、了解，愿意参与调查。

（2）被调查者信息。如性别、年龄、职业、收入等，便于统计分析，发现潜在的顾客群体。

（3）需要调查的问题。调查问卷一般包括三种类型的问题：结构型问题、非结构型问题、综合型问题。一般最后一两个问题是开放的，让被调查者提出问题之外的更多建议。

（4）结束语。再次感谢参与者。

下面给出一个果酒产品市场调查问卷的例子。

果酒产品市场调查问卷

尊敬的客户：

您好！

非常感谢您选择与本公司合作！为了提供更多的优质产品满足顾客需求，本公司特进行此次市场调查。期盼您在百忙之中给予我们支持！

××公司 ××××年××月××日

请问您的性别：A.男　B.女

您的年龄：A.18岁以下　B.19～24岁　C.25～30岁
　　　　　D.31～40岁　E.41～50岁　F.50岁以上

您的职业：A.公司职员　B.机关干部　C.事业单位　D.自由职业者
　　　　　E.其他

您的月收入（元）：A.<1 000　B.1 001～2 000　C.2 001～5 000
　　　　　　　　　D.5 001～10 000　E.>10 000

您每月喝酒多少次：A.<1　B.1～3　C.4～7　D.8～12　E.>13

您喝得最多的是什么酒：A.白酒　B.红酒　C.啤酒　D.果酒　E.其他

您喝的酒是在哪里购买的：A.大商场　B.超市　C.便利店　D.专卖店
　　　　　　　　　　　　E.其他

您喝的酒是谁购买的：A.本人　B.配偶　C.子女　D.朋友　E.其他

如果有果酒销售，您是否愿意尝试：

> A. 很想尝试　B. 可能尝试　C. 不知道　D. 可能不会尝试
> E. 肯定不会尝试
>
> 您希望果酒是什么口味的：
>
> A. 草莓味　B. 柠檬味　C. 青梅味　D. 葡萄味　E. 其他
>
> 您希望果酒一瓶多少毫升为宜：A.200　B.300　C.400　D.500　E. 其他
>
> 您期望果酒一瓶的价格（元）：A.<10　B.11～15　C.16～20　D.21～30
> 　　　　　　　　　　　　　　E.>31
>
> 您对我们生产、销售果酒，还有哪些好的建议：
>
> 再次感谢您对我们的支持！
>
> 问卷引自：丁斌. 创新创业实战教程 [M]. 北京：机械工业出版社 .2021.

4. 调查的实施过程

要根据调查工作量，决定是自己调查还是委托别人调查。自己调查当然可靠，但由于时间有限，调查范围受限制。委托别人调查，可以扩大范围，但调查人员的行为难以控制。要选择具有丰富人际交往能力的调查人员，可以先让他们少量调查一些，试一下效果，满意了再扩大范围调查。

> **高层领导访谈提纲**
>
> 访谈对象：总经理、副总经理
>
> 访谈提纲：
>
> （1）您是否可以用一句话总结目前你们企业的企业文化？企业领导层信奉什么？职工又信奉什么？
>
> （2）你们企业的经营理念是什么？精神是什么？
>
> （3）目前你们会对员工的哪些行为作出奖励，企业里的模范员工代表都有谁？他们的特点或者说他们被称为模范的原因是什么？您认为什么样的员工才是最理想的？
>
> （4）在您的心目中，你们企业理想的文化应该是怎样的？

基层员工访谈提纲

访谈对象：部分管理人员、一线员工

访谈提纲：

（1）请您简要描述目前的企业文化。

（2）您认为员工对目前的企业文化的认同及履行情况如何？

（3）您感觉员工的凝聚力和向心力程度如何？

（4）您对企业有归属感吗？您感觉您的工作是受人尊敬的吗？

（5）您最想要的企业文化是什么样子的？（用三句话概括）

3.3.3 调查数据的处理

在全部调查结束后，要对来自各个方面的材料加以分类归纳、分析提炼，最后获得明确的结论。

对调查结果的处理，是整个调查研究中最重要的环节，一般的处理方式有归纳法、对照法、计算法、图示法和编程处理法。

随着计算机的普及，建议采用SPSS、Matlab等专用的统计软件，快速、专业地处理调查结果。为了保证调查的有效性，需要对调查结果进行公因子方差等检验，还可以输出很漂亮的图形，如图3-4所示。

从图3-4可以看出，收入为2 000～2 500元的消费者经常购买的比例较高，低收入者购买比例较低。

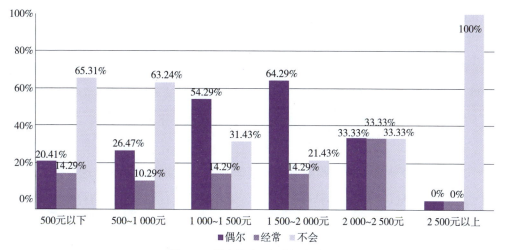

图3-4 某商品购买频度调查结果

3.4 开题报告中内容的撰写

不同学校有不同的开题报告模板。概括起来，开题报告主要包括论文题目、摘要、关键词、研究背景、研究目的、选题意义、国内外研究概况、主要研究内容及拟解决的关键问题，立论根据及研究创新之处，拟采用的研究方法、步骤、技术路线及可行性论证，研究工作总体安排及具体进度，参考文献、目录等。

1. 摘要

摘要是论文的脸面，一般包括研究背景、研究目的、研究方法、研究内容、主要结论五项内容，采用白描的写法，不加解释或评论。大学毕业论文的摘要字数要求在200～400字。摘要和关键词的具体写法请见12.1节。

2. 关键词

关键词是用来反映文章研究核心主题的词汇，目的在于让别人精准地找到你的文章。关键词一般为3～5个，按照涵盖范围由大到小排列。

3. 研究背景

毕业论文的研究背景，是回答"为什么要研究这个问题"，提出本研究课题的缘起是什么，研究的目的是什么。

一般来说，研究背景有：①外部环境或场景的介绍。②理论或技术的进展。③本课题理论进一步研究的必要性。

研究背景的最后，要简要论证你开展本研究的必要性、迫切性。问题越迫切，论文选题的必要性越强，研究意义越大。研究背景的具体写法请见12.2节（包括研究目的、选题意义）。

4. 研究目的

研究目的，就是论文的研究要达到什么目的，常见的目的包括发现科学规律、改进一种方法、设计出一种新产品、揭示社会现象及其原因、解决企事业单位管理上的问题等，将研究目的和中国特色社会主义现代化建设结合起来。

5. 选题意义

论文的研究意义，就是要阐述做此项研究之后，研究得出的结论有什么理论和实际意义。可以结合国家倡导的创新、创业、社会责任、企业家精神等来写。

6. 国内外研究概况

研究概况也称为文献综述，详见12.2节。该部分要围绕论文的主题来写，分析跟该研究课题有关的国内外研究概况和发展趋势，尤其是关注近年来国内学者的研究成果。

研究概况写作的关键是：围绕你所应用的主题，把问题分成几个密切关联的部分，对每个部分，列出什么人、什么时间提出过什么观点，特别是所在领域的著名专家对这个问题是如何研究的，一定要写上。如果你找到的相关文献不多，可以适当放宽范围查找文献。

例如，你设计的应急照明灯，包括电源、光源、传感器、外壳等部件，需要分别对相关的电源、光源、传感器研究现状进行介绍。

研究概况的最后是研究述评，就是简要评价前人的研究有哪些成果，还有什么不足。

研究趋势要引用国内外权威机构的报告、权威专家的观点，要很清晰地描述，不能自己想当然。既包括专家学者研究的趋势（如越来越关注劳工关系），也包括理论应用的趋势（如越来越多的企业采用 MES、CRM 系统）。比如，选择网络营销方向，就要写"网络营销的研究现状""网络营销的发展趋势"，否则就容易写偏题。选择税务审计方向，就要写"税务审计的研究现状""税务审计的发展趋势"。选择项目管理方向，就要写"项目管理的研究现状""项目管理的发展趋势"。

7. 参考文献

列出你已经阅读的国内外主要参考文献，包括作者、论文名称、期刊名称、出版年月等内容，其格式和正式论文格式一样。参考文献格式有很规范的要求（参见 13.2 节），每个项目的位置、标点符号都是有严格规定的，要按照规范的格式来写。

> 普通图书 [M]、期刊 [J]、学位论文 [D] 引用示例：
>
> [1] 李银妹. 光镊技术 [M]. 北京：科学出版社，2015.
>
> [2] 黄由衡，韩霜. 物流客户服务成本与物流服务水平关系探析 [J]. 物流技术，2007，26（2）：22-24，30.
>
> [3]JAMAL A, SHARIFUDDIN J. Perceived value and perceived usefulness of halal labeling: the role of religion and culture[J]. Journal of business research, 2015, 68 (5): 933-941.
>
> [4] 章毅. 矢量涡旋光束角动量的转换与调控研究 [D]. 西安：西北工业大学，2018.

8. 论文研究内容

研究内容是指为实现研究目的而开展的研究活动，详见 12.4 节。开题报告中的"研究内容"，一般列出论文的框架结构，也就是论文的三级提纲。

> 第 1 章　绪论
> 第 2 章　光场的角动量
> 　2.1　光场角动量的理论描述
> 　2.2　自旋与轨道角动量
> 第 3 章　涡旋光场的角动量特征
> 　3.1　涡旋光
> 　3.2　L-G 光束
> 　3.3　横向轨道角动量（以下省略）

比较合理的结构是：每一章下面 3~4 节，每一节下面 3~4 目。绝对不能出现的情况是：一章下面只有一节，一节下面只有一目。绝对不允许章、节、目相互之间的标题重复。

论文框架容易出现的问题有以下几方面。

（1）提纲内容不完全。应该有的内容没有出现，不该有的内容列上了。

（2）论文逻辑问题。没有按照发现问题、分析问题、解决问题、验证的逻辑来组织提纲。

（3）章节安排不合理。有的章下面有很多节，节下面又有很多目。而有的章节下面内容很少，如有些章列到 3 级，另外一些章列到 2 级甚至只有 1 级。

9. 研究工作进度的大致安排

要分别写出论文研究过程中理论研究、实验研究和工程技术研究的大致安排，包括研究内容和时间进度。

理论研究：应包括文献调研、理论推导、数值计算、论文撰写等。

实验研究和工程技术研究：应包括文献调研、理论分析、实验设计、仪器设备的研制和调试、实验操作、实验数据的分析处理、论文撰写等。

10. 预期研究成果

其是指本研究结束后，预计会取得哪些成果。学术上所说的成果，包括研究报告、毕业论文、毕业设计、调查报告、实践报告、文章发表、专著出版、专利等。

开题报告完成后，经导师审查签字，提交给学院（系）组织专家评审。有的学校还需要学生现场汇报开题报告，接受专家小组的质询，修改完善开题报告。

3.5 研究方法和论文类型

3.5.1 整体研究方法

1. 对研究方法的认识

大学生专业不同，每个专业的研究方法差别很大。围绕论文的研究，可能不止一个方法。比如，我们可以用调查法发现问题、分析问题，可以用归纳法总结调查结果，或者用演绎法进行推论。可以用实验法验证模型或者设计提出的假设。但贯穿全局的，每篇论文只能用一个研究方法，称为整体研究方法。

实验法比较特殊，既可以做验证，也可以进行探索性研究（就是实验开始的时候不知道会产生什么结果）。

2. 常见的整体研究方法

本书兼顾不同专业，介绍常用的论文整体研究方法，即建模研究法、实验研究法、质性研究法、实证研究法、工程设计法、专题研究法、调查研究法等。

（1）建模研究法。通过构建简化的模型来复制现实世界中的系统，进行在现实世界中无法完成的实验，或者将已知的想法组合成一个连贯的整体来建立和测试假设的研究方法。所构建的模型有物理模型、数学模型、概念模型。

（2）实验研究法。由研究者根据研究问题的本质内容设计实验，控制某些环境因素的变化，使得实验环境相对比现实简单，通过对可重复的实验现象进行观察，发现规律的研究方法。实验研究方法广泛应用于物理、化学、生物等自然科学研究中，甚至有进入人文社会科学的趋势。

（3）质性研究法。质性研究法也称定性研究法、质化研究法，是指通过发掘问题、理解事件现象、分析人类的行为与观点以及回答提问来获取敏锐洞察力的研究方法。

（4）实证研究法。实证研究法有狭义和广义之分。狭义的实证研究法是指利用数量分析技术，分析和确定有关因素间相互作用方式与数量关系的研究方法，广义的实证研究法和质性研究法有很多重合。本文所指的是狭义的实证研究法。

（5）工程设计法。针对硬件、软件或解决方案开展设计时所采用的一系列研究方法。

（6）专题研究法。围绕某一个专题而开展的研究方法。管理、工程、医疗、农业等专业较多采用专题研究法。

（7）调查研究法。通过考察了解客观情况直接获取有关材料、分析发现问题，有时候还要进一步提出解决建议的研究方法。

3.5.2　研究方法与论文类型的匹配

毕业论文从发现问题开始，然后选择研究方法，制订研究计划，开始研究过程。其中研究方法是研究思路、论文结构的决定性因素。

大学毕业提交的成果，主要类型是毕业论文，此外，还有毕业设计、调查报告和实践报告等多种形式。各学校根据不同专业的培养目标，会提出不同的要求。

据此，我们绘制了专业性质、研究方法和论文形式的关系图，如图 3-5 所示。

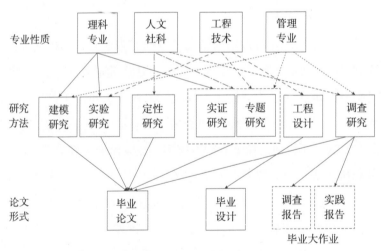

图 3-5　专业性质、研究方法和论文形式的关系图

从图 3-5 可以看出，每个专业写论文，都可以有多种研究方法。除了调查研究外，每种研究方法只对应一种论文类型。同学们可以根据自己的专业性质、需要研究的问题选择研究法，最终完成毕业论文。

后面的第 4 章到第 10 章，分别介绍如何按照相应的研究方法撰写论文。

本章思考题

1. 开题报告主要有哪些内容?

2. 如何围绕选题查资料?请列出你查学术文献的计划。

3. 开题报告撰写的重点有哪些?

4. 你准备选择哪种研究方法、撰写哪种类型的论文?

中篇：方法与布局

论文开题之后，就要根据所在专业和研究的性质，选择研究方法。每种研究方法都有一定的写作规律。掌握了规律，论文的主要内容和布局就八九不离十了。

　　本篇包括七章内容，同学们可以根据自己选择的研究方法，阅读相应的章节。希望大家通过本篇的学习，把握该方法研究的关键，构造合理的论文结构，了解论文主要部分的写法。

第4章　建模类论文写作

🔍 **本章导读**

建模研究法适用于理学、工学、医学、农学、管理学等基础理论专业，对应的就是建模类论文。我们在了解建模研究方法和过程之后，本章介绍建模类论文的结构，然后介绍模型构建、假设、算法设计、计算过程、结果和结论等主要内容的写法。学习本章，可以基本掌握建模类论文的写作要点。

4.1　建模研究法

建模研究法在大学理科、工科、医学、农学、管理学等专业的毕业论文中很常见。运用建模研究法研究问题之后写出的论文，就是建模类论文。

4.1.1　例子：计算地球直径

在古埃及的塞恩城有一口井，每年夏至的时候，太阳光恰好能直射到井底（今天的解释，这口井正好位于北回归线）。聪明的埃拉托色尼想，也许可以用太阳光计算地球直径！

另一年的夏至，他来到了位于塞恩城南方的城市亚历山大港，观察这座城里的一座方尖塔，发现太阳在方尖塔的南边塔脚投射出一个影子。通过塔的高度和影子的长度，就可以计算出太阳光与塔的夹角大约是7°12′。在那个时候，人们认为太阳光是平行线。因此，太阳光与塔的夹角就是两座城市分别连到地心的两条连线的夹角，据此便可计算出地球直径，如图4-1所示。

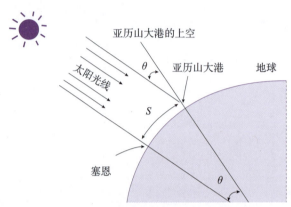

图4-1 埃拉托色尼计算地球直径

于是，埃拉托色尼的计算过程相当于一个数学模型：

$$D = S \times (360 \div \theta)$$

式中，D为地球直径；S为塞恩和亚历山大两座城市之间的距离；θ为塞恩和亚历山大两座城市之间的夹角；地球的圆周是360°。

将S=5 000希腊里，θ=7.2°（7°12′）代入公式，计算出地球直径约为250 000希腊里，约为39 375千米（1希腊里等于现在的157.5米）。

这个模型的计算结果和地球实际直径非常接近。而且，如果在其他城市测量（S与θ变化），还可以验证模型的准确性。所以，建模能让我们探索不能到达的世界。

现在，随着数学的进步和计算机技术的发展，从自然科学到社会科学的任何学科，从星空探索到人口预测，都有数学模型的应用。掌握建模技术，对于大学生非常重要。

4.1.2　什么是建模研究

说到建模研究法，首先需要知道什么是模型。按照百度百科的解释，模型是指通过主观意识借助实体或者虚拟表现，构成客观阐述形态结构的一种表达目的的物件。也就是以一种实体的（如小型风洞）或虚拟的（如数学公式）方式，表达研究对象（风洞的力学原理）。

研究模型一般分为三类。

（1）实体模型。用缩小比例的方式建造的实物模型。例如，清华大学泥沙实验室建了一条缩小比例的河流，常年运转，模拟河道泥沙淤积情况。在中国科学技术大学火灾实验厅建有固定框架式实验平台，科研人员通过调节燃烧物、风速等，在实验平台上进行"火旋风"的模拟实验，可以得到火灾蔓延速度等数据。

（2）数学模型。通过建立数学模型来解决各种实际问题的方法，也就是通过数学模型描述变量之间的关系。数学建模没有固定的格式和标准，依具体研究对象确定模型的表达式。

例如，模型 $G = mg$ 表示一个物体所受的重力等于这个物体的质量乘以重力加速度。这是一个简单的模型。复杂的模型有天气预报模型、投入产出模型、需求预测模型等。

（3）概念模型。描述概念之间的逻辑关系。例如，体温调节过程概念模型（图4-2）、管理学的价值链模型（图4-3）。

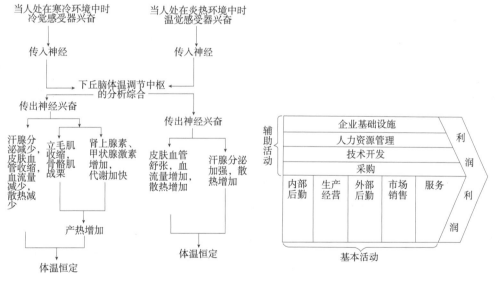

图 4-2　体温调节过程概念模型　　　　图 4-3　管理学的价值链模型

需要注意的是，图4-2体温调节过程中，只有逻辑关系，没有具体数据。图4-3价值链模型说明利润和基本活动、辅助活动有关，也没有具体数据。因此可以说，概念模型没有数学模型精确。

建模研究法主要指的是建立数学模型的研究方法。当然，在建立数学模型之前，可能也要画出概念模型。在发现问题（主要是理科的科学问题）之后，为自变量、因变量等建立数学模型。通过对模型的求解，找到最佳的方案。

一般说来，建立数学模型的方法大体上可分为两大类：①机理分析方法，根据对现实对象特性的认识、因果关系的分析，找出反映内部机理的规律，建立的模型常有明确的物理或现实意义。例如，运用能量守恒、质量守恒、利润模型（利润等于收入减去成本）等原理建立的模型。②测试分析方法，该方法不需要对象特性清晰，只要有输入输出数据即可，但适用面受限。

4.2　建模研究的过程

建模研究主要指数学建模，通常有以下六个步骤。

1. 明确问题

数学建模所处理的问题通常是各领域的实际问题，这些问题本身往往含糊不清，难以找到关键所在，不能明确提出该用什么方法。因此，建立模型的首要任务是辨明问题，分析相关条件和问题，一开始尽可能使问题简化，然后再根据目的和要求逐步完善。例如，运输成本和运输距离有关，我们可以把"成本""距离"两个变量抽象出来。还有载重、路况、车型、天气等也会影响成本，我们先忽略这些变量，以后在研究中慢慢加进去。

2. 合理假设

作出合理假设，是建模的一个关键步骤。一个实际问题不经简化、假设，很难直接翻译成数学问题，即使可能，也会因其过于复杂而难以求解。因此，根据对象的特征和建模的目的，需要对问题进行必要、合理的简化。例如，我们假设运输成本和运输距离成正比（实际上并不是严格的正比关系）。进行假设时，既要运用与问题相关的物理、化学、生物、医学、经济、机械等专业方面的知识，也要充分发挥想象力、洞察力和判断力，辨别问题的主次，尽量使问题简化。

3. 搭建模型

搭建模型就是根据实际问题的基本原理或规律，建立数学模型，建立变量之间的关系。

要描述一个变量随另一个变量的变化而变化的关系，最简单的方法是作图，或者画表，还可以用数学表达式。在建模中，通常要把一种形式转换成另一种形式。将数学表达式转换成图形和表格较容易，反过来则比较困难。例如，上面的运输成本问题可以建立如下基本模型：

$$C=\alpha S+C_0$$

式中，C 代表运输成本；S 代表运输距离；α 是线性系数；C_0 是一个固定值。

建模过程中，可以用一些简单典型的函数（如条件函数、求和函数、方差、力学拉格朗日方程等）组合成各种函数形式。使用函数解决具体问题时，还必须给出各参数的值，寻求这些参数的现实解释（现实中有什么意义），抓住问题的本质特征。

4. 求解模型

对模型的求解往往涉及不同学科的专业知识，更需要数学知识。现代计算机科学的发展提供了强有力的辅助工具，出现了很多可进行工程数值计算和数学推导的软件包及仿真工具。熟练掌握数学建模的计算、仿真等工具，可大大增强模型求解能力。

不同数学模型的求解难易不同，一般情况下很多实际问题不能求出最优解，需要借助计算机，用数值的方法来求近似解。

5. 分析检验

在求出模型的"解"后，必须对模型和"解"进行分析，模型和解的适用范围如何，模型的稳定性和可靠性如何，是否达到建模目的，是否解决了问题？

数学模型相对于客观实际不可避免地会有误差。一方面要根据建模的目的确定误差的允许范围；另一方面要分析误差来源，想办法减小误差。

可能产生的误差有以下几个原因：模型假设的误差、求近似解方法的误差、计算工具的计算误差、数据的测量误差等。

6. 模型解释

模型解释就是用现实世界的语言对模型进行翻译，说明模型和解是否与实际证据相符合，发现模型的实际意义，这一步也十分重要。例如，前面的运输成本模型说明，当运输距离处于一定区间时，运输成本和距离成正比。距离过短时，有一个较高的固定成本。这就要求调度人员在安排车辆时，尽量安排大于最小距离的运输任务以降低成本。

4.3 建模类论文的结构

建模类论文的结构比较固定，理科、工科、管理各专业的论文结构都差不多。前两章分别是绪论、理论基础与算法等知识介绍，第 3 章构建模型、第 4 章模型求解、第 5 章算例，见表 4-1。

表 4-1　建模类毕业论文的一般结构

```
第 1 章　绪论
    1.1  研究背景与研究意义
    1.2  国内外研究综述
    1.3  研究方法和研究内容
第 2 章　理论基础与计算方法
    2.1  相关理论介绍
    2.2  计算方法介绍
第 3 章　问题描述与模型构建
    3.1  问题描述
    3.2  模型假设
    3.3  模型构建
第 4 章　模型求解算法
    4.1~4.4  用多种方法求解
第 5 章　算例分析
    5.1  算例来源
    5.2  算例计算结果
    5.3  各参数的影响分析
    5.4  结果分析
第 6 章　结论和展望
    6.1  研究结论
    6.2  实际建议
    6.3  研究不足和未来研究展望
```

下面给出若干案例。案例编号后面是论文题目和专业。

例 4-1：基于局部先验信息的图像分割变分模型研究（应用数学）

```
第 1 章　绪论
    1.1  课题背景及意义
    1.2  研究方法和研究内容
    1.3  论文结构安排
```

第 2 章 图像分割原理及方法图像分割概述

2.1 图像分割的基本原理

2.2 常用的图像分割方法

2.3 基于先验信息的图像分割方法

第 3 章 基于 Retinex 理论与局部灰度信息的图像分割方法

3.1 基于 Retinex 理论的图像分割方法

3.2 基于 Retinex 理论与局部灰度信息的图像分割模型

第 4 章 基于局部常数和全局光滑先验的图像分割方法

4.1 基于局部和全局信息的多相分割模型

4.2 基于局部常数和全局光滑先验的图像分割模型

第 5 章 总结与展望

例 4-2：考虑拥堵及临时停靠的污染路径规划研究（管理学专业）

第 1 章 绪论

1.1 研究背景与研究意义

1.2 国内外研究综述

1.3 研究方法和研究内容

第 2 章 PRPCMS 问题的目标函数与约束条件

2.1 问题简介

2.2 可临时停靠条件下车辆行驶时间建模

2.3 模拟排放与工资政策

2.4 考虑拥堵的行驶时间模型

2.5 规划模型及其分析

第 3 章 PRPCMS 规划的求解算法

3.1 里程节约法

3.2 出发时间及行驶速度优化方法

3.2.1 路径拥堵后正常阶段行驶速度 vf1 及发车时间优化

3.2.2 路径拥堵前正常行驶速度 vf2 以及发车时间优化

3.3 ALNS 算法

3.4　PRPCMS 问题的路线规划

第 4 章　算例结果

结语

例 4-3：磁层顶准弹性动力学模型研究（物理专业）

第 1 章　绪论

1.1　课题的研究背景和意义

1.2　磁层顶的模型

1.3　磁层顶动力学模型

1.4　存在的问题

1.5　本文的研究内容

第 2 章　磁层顶准弹性动力学模型的构建

2.1　引言

2.2　弹性动力学模型

2.3　磁层顶准弹性动力学模型

第 3 章　磁层顶准弹性动力学模型的含义

3.1　引言

3.2　磁层顶动力学过程的物理本质

3.3　磁层顶在不同太阳风条件下的响应

3.4　太阳风动压发生周期性变化

第 4 章　磁层顶准弹性动力学模型的应用

4.1　引言

4.2　磁层顶参量的统计分析

4.3　数据预处理

4.4　模型的预报与评价

4.5　本章小结

第 5 章　结论与展望

例 4-4：某铜尾矿风蚀特征及潜力评价（地质专业）

第1章　绪论
    1.1　选题背景
    1.2　国内外研究综述
    1.3　研究意义
    1.4　研究技术路线图

第2章　材料与方法
    2.1　研究区概况
    2.2　实验室指标方法
    2.3　室内风洞实验模拟方案
    2.4　数据处理

第3章　尾矿性质描述
    3.1　尾矿理化性质描述
    3.2　尾矿重金属含量及形态特征描述
    3.3　本章小结

第4章　尾矿风蚀特征
    4.1　风蚀强度与风速的关系
    4.2　风蚀强度与含水率、结皮盖度的关系
    4.3　输沙量沿高度拟合函数
    4.4　输沙量沿高度累积分布
    4.5　本章小结

第5章　尾矿风蚀扬尘排放量及起尘量
    5.1　尾矿风蚀扬尘排放量
    5.2　尾矿风蚀起尘量
    5.3　尾矿风蚀扬尘排放量及起尘量与气象要素的相关性分析
    5.4　本章小结

第6章　尾矿风蚀评价
    6.1　基于不同含水率、结皮盖度的尾矿风蚀潜力评价
    6.2　基于风蚀扬尘排放量及起尘量的风蚀评价

6.3 基于下风向重金属分布的尾矿风蚀污染评价

6.4 本章小结

第7章 结论与展望

7.1 结论

7.2 不足与展望

例 4-5：背包问题与选址问题的深度强化学习算法研究（概率统计）

第1章 绪论

1.1 组合优化问题概述

1.2 深度强化学习

1.3 组合优化问题的传统求解算法

1.4 基于深度强化学习求解组合优化问题的算法

1.5 本文的主要研究内容

第2章 Transformer与自注意力问题

2.1 引言

2.2 背包问题及其研究现状

2.3 Transformer与自注意力机制

2.4 实验结果及分析

2.5 本章小结

第3章 基于指针网络求解有容量限制的 p- 中值选址问题

3.1 引言

3.2 指针网络的背景知识

3.3 模型结构

3.4 学习算法

3.5 实验结果及分析

3.6 本章小结

第4章 总结与展望

4.4 建模类论文的写作关键

1. 问题描述

要解决问题，首先要清晰地描述问题。如何描述问题，各专业没有统一的规定。建议从问题发生的场景、主体、相互关系、需要决策的问题等几个方面来写。

例如，论文《网络货运平台背景下供应链定价策略》，其问题描述是这样写的：一个生产易碎品的制造商 A 和一个零售商 B 构成的供应链通过网络货运平台 P 进行交易。制造商 A 将货物运输外包给网络货运平台 P，货运平台再将业务分配给零售商 B 执行货物运输。如何确定 A 与 P、P 与 B 之间的交易机制和交易价格，让供应链效率最大化？

这个例子中，场景是一个供应链（实际上是类似货拉拉的交易平台），主体有 A、B 和 P，后面是描述它们是如何交易的，最后是问题"交易机制和交易价格"。

介绍完问题之后，需要分析问题。也就是这样的场景、对象之间的交易，以前有哪些模式、这些交易是如何定价的？我们的研究在此基础上分析推导，如何再前进一步，解决前人没有解决的问题？

在问题分析推导过程中，需要注意：分析要中肯、不带个人色彩。用专业术语，表明你很内行。所提及的原理和依据要正确、明确。表述简明扼要，列出关键步骤。如有引用，不要忘了标注在参考文献中。防止讲外行话、专业术语错用、表述混乱冗长。篇幅不要太长，控制在一页纸以内。

2. 模型假设

本部分需要根据题目条件和要求作出合理假设，包括模型的假设和符号说明。

假设的实质是为了简化模型，抓住主要矛盾，如假设地球是圆的（实际上地球是一个椭球）。关键性假设必不可少，假设要符合题意。

符号说明，就是列出整篇文章中所用到的字母符号，以及它们对应的含义和量纲。注意整篇文章符号一致。通常采用表格样式，美观、简明。符号搭配协调，符合数学规则，大小写明确，不要使用怪异的符号。

例如，上例的符号说明见表 4-2。表 4-2 中，需要对每个参数符号进行解释，有的还需要进一步讨论其取值范围、应用条件等。

表 4-2 参数与符号说明

符号	含义
a	潜在市场需求
b	市场需求对售价的敏感性
c	制造商获得货物的成本，$c>0$
h	制造商承担的损耗补偿成本比例，$0<h<1$
k	默认物流服务水平下的运输损耗率，$0<k<1$
m	制造商承担的物流服务成本比例，$0<m<1$
s	货物现货市场价格，$s>c$
λ	物流服务成本参数
e	物流服务努力，$e\in(0,1)$，上传货源模式中由制造商决策，找车拉货模式中由网络货运平台决策
g	网络货运平台决策的运输价
p	零售商决策的售价
w	制造商决策的批发价
$C(e)$	物流服务成本函数，$C(e)=\frac{1}{2}\lambda e^2$
$L(e)$	损耗补偿成本函数，$L(e)=s(1-e)kD$

3. 模型的建立

将问题转化为模型，包括进一步分析问题、列基本公式并推导、建立基本模型、在基本模型的基础上确定最终模型或简化模型。

需要介绍模型的数学归类（在数学上属于什么类型）、建模的思想和方法、模型的特点（包括模型优点、算法特点等）、数学建模要解决的实际问题。

案例 4-6：

对称信息下零售商、制造商和供应链的利润模型为

$$\pi_r^* = \frac{Q^2-2C_nQ}{8} + \frac{C_n^2-2C_nA}{8(1-\alpha)} + \frac{A^2}{8\alpha(1-\alpha)}$$

$$\pi_m^* = \frac{Q^2-2C_nQ}{16} + \frac{C_n^2-2C_nA}{16(1-\alpha)} + \frac{A^2}{16\alpha(1-\alpha)} + \frac{(kP_e+h)^2}{4k} - \frac{l_e^2}{2}$$

$$\pi_c^* = \frac{3Q^2-6C_nQ}{16} + \frac{3C_n^2-6C_nA}{16(1-\alpha)} + \frac{3A^2}{16\alpha(1-\alpha)} + \frac{(kP_e+h)^2}{4k} - \frac{l_e^2}{2}$$

不要片面追求数学上的高深与难度,用大多数人能看懂、能理解的方法,能用初等、简单方法解决的,就不用高级、复杂方法。鼓励创新,但不要离开问题故意标新立异。

4. 模型求解

模型求解就是计算出模型的结果。由于很多模型很复杂,要进行模型求解的算法设计或选择。

算法设计或选择,要介绍算法思想依据、步骤等;所采用的软件名称;引用或建立必要的数学命题和定理;求解方案及流程。在此过程中,需要说明计算方法或算法的原理、思想、依据、步骤。若采用现有软件,说明软件名称,采用此软件的理由。

模型求解与模型的建立有着直接的关系,算法的选取会直接影响模型求解以及接下来的误差分析。所以,建模的时候,选择一个简化后方便求解的模型尤为重要。

求解的计算过程、中间结果,只列关键部分。可要可不要的,不要列出。如果计算过程很长,或者自己编程较长,可以在附录中详细列出。

5. 计算结果

该部分的内容,包括结果表示、分析与检验、误差分析、模型检验。

主要结果通常是数值解,正确性或合理性是第一位的,可以绘制图表直观展现求解结果,如图4-4所示。

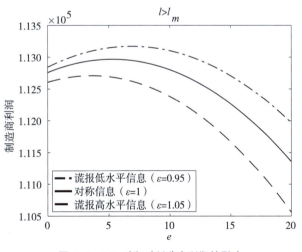

图4-4　$l>l_m$时和对制造商利润的影响

模型求解完毕后,我们希望知道求解结果(尤其是数值解)的误差是如何产生的,所以需要进行误差分析。如果结果不正确、不合理,或误差较大,要分析原因，对算法、计算方法或模型进行修正、改进。

结论是指回答当初提出的全部"问题"，通常一条一条列出。一般用如下句式：

> 针对 Y 问题，构建了 Z 模型，通过 F 算法得到结果。研究结论如下：
> （1）每一种情形，各方的收益是什么。
> （2）什么情况下，能实现供应链各方利益之和最大化。
> （3）其他结论。

6. 模型评价

综合评价模型的特点、优缺点，指出模型假设、求解方法等还存在哪些不足、未来改进的方法与方向。

以上的模型构建、假设、算法设计、计算过程、结果和结论，是相互紧密联系的，往往不是一次就能成功。我们可能从头到尾做一遍之后，发现结果不满意，再回头调整模型、假设和算法，重新计算，再得到新的结果并评价，直到结果满意为止。这就说明，科学的探索没有平坦的大道，需要我们持续努力。

本章思考题

1. 建模研究方法适用于哪些专业、哪些问题的研究？
2. 建模研究包括哪几个步骤？
3. 你所在专业常用的算法有哪些？
4. 如果你要做建模研究，请初步设计变量关系、研究思路、论文结构。
5. 对照建模类论文的写作关键，你在哪些方面存在薄弱环节？准备如何弥补？

第 5 章 实验类论文写作

本章导读

实验研究可以用于自然科学和工程技术，也可用于教育学、心理学、管理学等人文社会科学领域，通过实验发现事物之间的关系，验证已有的理论或提出新的理论。随着 IT（信息技术）的普及，基于互联网的社会科学实验研究越来越多。

实验研究有一套成熟的方法论。从问题提出、实验设计、实验过程到结果分析，都有严格的规定。本章介绍实验研究法的基本思想和实验研究过程，最后推荐几种实验类论文结构的例子。

5.1 实验研究方法

5.1.1 什么是实验

实验是科学研究的基本方法之一。实验研究就是根据科学研究的目的，尽可能地排除外界的影响，突出主要因素，并利用一些专门的仪器设备，人为地变革、控制或模拟研究对象，使某些事物（或过程）发生或再现，从而去认识自然现象、自然性质、自然规律。

以前，实验研究主要用于自然科学和工程技术。自 20 世纪开始，心理学、管理学等人文社会科学也用实验方法，验证已有的理论或提出新的理论。下面分别举例。

1. 自然科学实验

中小学就有自然科学实验。比如，潮湿的黑板擦划过黑板，一会儿水印就干了，说明水分被空气带走了；两种无色液体氢氧化钠和酚酞加到一起，会瞬间变为红色；手摇磁铁，可以让接在线圈上的灯泡发光；把种子埋入泥土，观察其发芽过程；等等。这些实验可以让小朋友们对科学产生巨大兴趣。

现在的自然科学实验已经很复杂，如利用电子对撞机产生高速粒子轰击原子核，然后观察会产生什么新的粒子或射线。用"天眼"观察宇宙射线，推测几亿光年以来宇宙、星系的变化。建立复杂的装置，观察暗物质、暗能量。科学实验不断拓展人类的认知边界。

2. 人文社科实验

人文和社会科学的实验也有很久的历史。20世纪以来，社会科学实验的应用成果增长迅猛，在心理学、政治学、经济学、管理学、社会学等领域有着一定的发展。既有针对个体的实验，也有群体实验。

多数规则实验，也就是"从众心理"实验。1951年，所罗门·阿施事先联系了7个演员统一口径，然后将一位测试者一起带到房间。他们都会看到3条不同长度的线，还有另外一条单独的线。他们都会被询问3条线中哪一条线是和单独的那条线一样长的，如此重复了多次选择。实验发现，测试者中有3/4的人至少会有一次跟随别人选择错误的答案。这个实验证实了多数人的选择是会影响到少数人的。如图5-1所示。

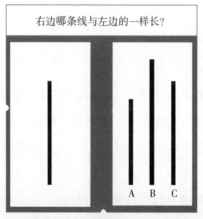

图5-1 多数规则实验中的线条

随着互联网的普及，围绕互联网的社会学实验也越来越多。例如，为了解情绪状态如何在社会网络中传播，美国学者 Kramer 等曾经开展过一项关于情绪感染模型的互联网实验研究。他们基于 Facebook 社交网络平台，通过在新闻提要中减少情感内容的数量来审视情绪感染的程度与范围变化。实验发现，当提要中的积极情绪内容减少时，负面回帖的比例会提高。相反，当消极情绪内容减少时，正面回帖比例也会提高。

3. 工程实验

有些大型工程或者以前从未做过的工程，能否成功，需要进行实验。实验不可能按原样大小进行，可能采用缩小比例、计算机仿真等方式进行。

例如，风洞实验指在风洞中安置飞行器或其他物体模型，研究气体流动及其与模型的相互作用，以了解实际飞行器或其他物体的空气动力学特性。风洞试验被广泛应用于火箭、飞机、高铁、汽车等产品的开发，不仅可以验证产品可行性，还能优化产品设计、提高产品性能。

四渡河大桥是中国国内首座山区特大悬索桥，全长 1 365 米，2004 年动工兴建。建设过程中，需要将 1 000 多米长的软质高强先导索抛过峡谷。而当地桥面与峡谷谷底的高度差达到了 560 米，采用人工传送和直升机引导都很困难。为此，建设者大胆提出了用火箭抛射先导索的设想。于是，他们请来了火箭专家，经过大量的测算、实验，终于用两枚火箭成功地将两条长 1 000 多米、直径 14 毫米的先导索，准确地抛落到了对面指定的地点，创造了世界上"火箭造桥"的历史。

再如，在环境工程领域，逐渐用虚拟仿真实验方法。典型案例包含城市污水处理工艺、城市给水处理工艺、旋风除尘实验等。虚拟仿真实验系统形象生动，是提高环境工程质量十分有效的措施。

4. 管理学实验

霍桑实验是最早的管理学实验。1924—1932 年，哈佛大学梅奥教授在美国芝加哥郊外的西方电器公司霍桑工厂进行了一系列实验。实验发现，工人不是只受金钱刺激的"经济人"，工人的个人态度在决定其行为方面起重要作用。这个理论颠覆了以泰勒为代表的管理专家"经济人"的假设，提出了"社会人"的假设，推动了管理学向以人为本方向的发展。

还有个著名的定位速效法实验。将一个班的学生分成三组，前去 10 千米外的村庄。甲组学生不知道村庄有多远，只让他们跟着向导走，刚走几千米，就有学生叫苦，走了一半路程学生开始抱怨，情绪低落而且开始散乱，以致溃不成军。

乙组学生仅知道距离目的地有10千米，但中途没有路牌，他们只跟着向导走，走了多少，还剩多少一概不知，结果行走不到一半就有人叫苦不迭，速度也越来越慢。丙组学生不仅知道距离目的地有10千米，而且能不时看到路牌，上面写有里程，他们走了多少还剩多少心中都很清楚。结果这一组学生一路上精神饱满，每当他们疲劳时，看看路牌，都为自己已走过的路程感到振奋，没人叫苦。实验的最终结果显而易见，丙组最快，乙组次之，甲组最慢。管理心理学把这种按计划工作、目的明确、及时反馈、效率增高的现象叫"定位速效法"。

5.1.2 什么是实验研究法

1. 实验研究法

实验研究法是由研究者根据研究问题的本质内容设计实验，控制某些环境因素的变化，使得实验环境比现实相对简单，通过对可重复的实验现象进行观察，从中发现规律的研究方法。实验研究法广泛应用于物理、化学、生物等自然科学研究中，也越来越多地应用于人文社会科学、管理学。我们常说实践是检验真理的唯一标准，实验就是实践的缩影。

> **伽利略的自由落体实验**
>
> 从亚里士多德开始，人们普遍认为，当物体从上向下落体时，重的物体比轻的物体下落得快。伽利略对此提出质疑，于是去做实验。他从比萨斜塔上同时扔下两个不同重量的铁球，结果发现这两个铁球同时落地，这就推翻了亚里士多德的理论。

实验研究法是唯一能够确认自变量与因变量间因果关系（causal relationship）的研究方法。

实验研究的内容包含三大部分，分别是自变量与因变量、实验组与控制组以及结果的测量，根据对此三部分的操作、控制与观察，研究者获取最后的研究结果。

2. 实验研究的类型

由于学科不同，实验的目的和方式千差万别，按照实验目的，实验研究可以分为以下四种类型。

（1）演示实验。演示实验就是通过实验演示一种科学现象或事物运行的规律，如物理、化学、生物等课程中做的实验。实验结果是必然的，只要严格按照程序执行，就能得到确定的结果。

（2）验证实验。验证实验是通过实验验证一种科学推断的正确性，如桥梁工程设计、材料性能等，方案计算之后要做验证实验。

（3）比较实验。比较实验或叫对比试验，是指通过实验检验一种或几种处理（如工艺变化）的效果，如对工艺流程改进效果的检验、对新药疗效的检验等。实验组和对照组同时进行的实验，也是比较实验。在实验研究中，研究者通过随机抽样、随机分派的过程，将研究对象区分为实验组与控制组，然后在严谨的实验设计之下，系统且客观地操控自变量，且将影响因变量的各个干扰变量予以控制或维持恒定，再观察因变量的反应，以作为研究结果的判定。

（4）优化实验。通过实验高效率地找出实验问题的最优实验条件，这种优化实验是一项尝试性的工作，结果往往不确定，所以常称其为试验（test）。

5.1.3　实验研究的过程

1. 确定研究问题

在对现实生活中各种现象做观察思考并对有关文献进行回顾分析的基础上，确定研究问题。比如，自然科学需要验证某些变量（如磁、光）的关系；社会科学需要实验环境——个体或群体行为的关系；工程实验要验证工程的可行性；管理学实验要验证一定管理场景下员工的行为反应等。

2. 提出假设命题

根据已有理论，作出合乎逻辑的推测，提出假设命题。当然，通过实验，可能能验证假设，也可能得出完全不同的结论。例如，霍桑实验开始依据"经济人"假设，但实验结果得出了与此相反的结论，开启了管理学家对"社会人"的研究。

3. 设计研究程序和方法

这是实验研究的核心，直接关系到研究的成败。实验设计就是将假设命题具体化为可以检验的模型，研究者在对研究结果作出理论预期（即假设）时，必须考虑实验的可实施性。在建立可证伪的检验模型时，必须考虑变量的值可以通过实验取得。

在实验研究设计中，需要有影响因素设计、外部环境设计、行为者内因设计、影响因素控制方法设计等，还需要注意组间控制方法、组内控制方法、观察者效应，让实验过程处于可控制范围内。

4. 记录实验数据

记录实验数据就是实施实验并记录实验情况。记录实验场景、假设、实验过程中发生的各种现象和数据，形成详细的实验资料，供后续分析。需要强调的是，记录应客观、公正，不带任何个人偏好，这样的数据才有价值。

5. 数据分析

运用记录的数据资料对前面提出的假设命题进行检验，得出实验结果。

6. 解释数据分析的结果

根据实验结果提出研究结论，分析其对现实或理论的意义，以及可以进一步研究或改进的地方。

5.2 实验类论文的结构

5.2.1 实验类论文的论证过程

由于各专业的实验方法、对象、目的和内容有差异，实验类论文的结构可能不一样。一般来说，实验类论文是记载实验从设计到实施、出结果的过程，实验类论文大致分为四个部分。

（1）实验基础。通常叫绪论、引言等，这一部分提出问题，介绍相关理论基础知识，涉及事物的概念，介绍前人的研究成果，为后面的实验设计打下基础。

（2）实验设计。其包括实验场景描述，实验方法，实验所用的材料、设备等，实验环境的控制，实验分组等。目的是让实验可行、不受无关因素干扰，达到预期效果。

（3）实验过程。按时间顺序描述实验实际的发生过程，记录实验过程中的事件、数据等，为后面的结果与分析提供客观、完整、翔实的素材。

（4）结果分析与讨论。其是对实验获得数据、事件进行总结，得出实验结论。然后讨论实验的成功与不足之处，分析实验的应用价值，提出进一步改进实验的建议。

除了上述正文外，有些实验的细节可放在附录中。

5.2.2 实验类论文的结构举例

下面给出若干例子。例子编号后面是论文题目和专业。

例 5-1：超支化聚合物的光激活醛基交联反应（化学专业）

```
第 1 章  绪论
    1.1  超支化分子
    1.2  光响应分子
    1.3  邻硝基苄基类分子与超支化分子的偶联
第 2 章  带有光响应基团聚合物的合成与表征
    2.1  引言
    2.2  实验部分
        2.2.1  实验原料
        2.2.2  实验仪器与表征
    2.3  药品的纯化
    2.4  超支化分子 PCMS 的合成
    2.5  PCMS 与光响应分子 hnpo 的偶联
    2.6  PEG 的氯化与 hnpo 的偶联
第 3 章  实验结果与分析
    3.1  超支化分子的表征
    3.2  PEG-hnpo 的表征
    3.3  分析讨论与探究
结语
```

例 5-2：疾病病原微生物培养与鉴定（药敏）及结果分析（医学专业）

```
1. 前言
2. 设计依据
    2.1  患者病情描述
    2.2  医生拟诊疾病及诊断方案
    2.3  行业标准和技术路线
```

3. 实验方案
    3.1   接收标本
    3.2   检测指标的检测方法
    3.3   检测指标的实验原理
    3.4   仪器设备与试剂
    3.5   操作流程
    3.6   检测结果
    3.7   结果分析与讨论
结论
附录

例 5-3：蓝曼龙鱼的人工繁殖培育研究（水产养殖专业）

引言
1. 材料与方法
    1.1   材料
        1.1.1   蓝曼龙亲鱼及实验水族箱
        1.1.2   饵料及培育用水
    1.2   方法
        1.2.1   亲鱼培育方法
        1.2.2   产卵与受精
        1.2.3   胚胎发育观察
        1.2.4   孵化与幼鱼培育
    1.3   数据处理
2. 实验过程与结果
    2.1   水族箱水质理化指标
        2.1.1   温度变化
        2.1.2   水体其他指标
    2.2   亲鱼培育的过程与结果
        2.2.1   饵料投喂

  2.2.2 产卵与受精
  2.2.3 胚胎发育
  2.2.4 孵化与幼鱼培育
3. 讨论
  3.1 温度对蓝曼龙鱼的亲鱼培育及产卵受精的影响
  3.2 蓝曼龙鱼的胚胎发育及仔稚鱼的培育
结语

例5-4：可视化黑色素小体转移模型的构建和初步应用（药学专业）

前言
1. 黑色素小体理论基础
  1.1 黑色素小体及其相关疾病
  1.2 黑色素的合成和转移
  1.3 黑色素小体的调控机制和调控药物
2. 黑色素小体合成和转移的研究方法
  2.1 黑色素细胞模型
  2.2 黑色素动物模型
  2.3 皮肤类器官模型
3. 本研究的设计思路
  3.1 材料
    3.1.1 主要仪器
    3.1.2 主要耗材与试剂
    3.1.3 细胞株
    3.1.4 实验动物
    3.1.5 常用溶液配制
  3.2 方法
    3.2.1 常规细胞实验
    3.2.2 常规动物实验
    3.2.3 蛋白检测相关实验

4. 结果与分析
    4.1 可视化黑色素小体转移模型的供体细胞株的构建和鉴定
    4.2 可视化黑色素小体转移模型的受体细胞株的构建和鉴定
    4.3 可视化黑色素小体转移模型的药物筛选体系优化
    4.4 可视化黑色素小体转移模型应用于药物筛选及机制探索
    4.5 G5 抑制 C57/BL6 小鼠黑色素合成

5. 讨论
    5.1 可视化黑色素小体转移模型应用于黑色素小体转移机制研究
    5.2 可视化黑色素小体转移模型荧光标记的不足及改进
    5.3 可视化黑色素小体转移模型应用的展望
    5.4 GSK650394 对抑黑药物开发的展望

结语

例 5-5：由不同材料构成的光子晶体中的结构色特性研究（化学专业）

第 1 章　绪论
    1.1　研究背景和目的
    1.2　颜色与光子晶体相关概念简介
    1.3　仿真计算方法和实验测试设备简介
    1.4　本文的主要工作

第 2 章　离子辐照对光子晶体结构色的调制研究
    2.1　引言
    2.2　光子晶体的理论结构设计
    2.3　离子辐照对周期性光子晶体结构色的调制研究
    2.4　离子辐照对含 SiO_2 缺陷层的光子晶体结构色的调制研究
    2.5　离子辐照对含 TiO_2 缺陷层的光子晶体结构色的调制研究

第 3 章　离子注入对单层膜与光子晶体结构色的调制研究
    3.1　引言
    3.2　离子注入对单层膜结构色的调制研究
    3.3　离子注入对光子晶体结构色的调制研究

第 4 章　结论与展望
　　4.1　结论
　　4.2　展望

例 5-6：高中物理教学中传统实验和 DIS 实验的对比与整合研究（教育学）

第 1 章　绪论
　　1.1　课题的研究背景
　　1.2　课题的内容与意义
　　1.3　课题研究的现状
第 2 章　高中物理实验教学的理论基础
　　2.1　新课改关于物理实验教学的改革
　　2.2　教育教学理论的支持
第 3 章　传统实验和 DIS 实验在物理实验教学中的作用分析
　　3.1　物理实验在高中物理教学中的地位和作用
　　3.2　高中物理实验教学现状调查及分析
第 4 章　高中物理教学中传统实验和 DIS 实验教学模式的比较研究
　　4.1　实验设备及误差的比较研究
　　4.2　影响学生核心素养的比较研究
　　4.3　新课标中的学生实验在两种模式下的比较研究
第 5 章　传统实验和 DIS 实验的优化整合
　　5.1　传统实验与 DIS 实验优化整合的研究
　　5.2　传统实验与 DIS 实验优化整合的几种方式
　　5.3　传统实验与 DIS 实验优化整合的案例设计
　　5.4　传统实验与 DIS 实验优化整合的有效性验证
第 6 章　研究结论与反思
　　6.1　研究结论
　　6.2　研究中存在的问题
　　6.3　研究的反思

例5-7：积极心理学视角下体育游戏对中学生勇气特质影响的实验研究（心理学）

1. 绪论
　1.1 选题的依据
　1.2 研究目的和意义
2. 文献综述
　2.1 相关概念界定
　2.2 国内外相关研究及述评
3. 研究对象、方法及技术路线
　3.1 研究对象
　3.2 研究方法
　3.3 研究的技术路线
4. 教学实验步骤及结果分析
　4.1 实验对象
　4.2 实验时间
　4.3 实验过程
　4.4 教学实验设计
　4.5 教学案例分析
　4.6 实验结果与数据分析
5. 教学实验过程的分析
　5.1 在教学实验中对体育教师教学情况的分析
　5.2 在教学实验中对学生活动情况的分析
　5.3 在教学实验中对体育游戏实施的分析
　5.4 教学实验总结
6. 结论与建议
　6.1 结论
　6.2 实验的不足之处
　6.3 建议

5.3 实验类论文的写作要点

实验类研究分为四个阶段，论文写作围绕四个阶段来写。

1. 绪论写作

绪论包括研究背景、研究目的、理论基础、文献综述、研究方法等，与其他类型的论文写作差别不大，详见第 12 章。

2. 实验设计

该部分包括：实验场景描述，实验方法，实验所用的材料、设备等，实验环境的控制，实验分组等。

实验场景描述：实验场景是指实验发生时，所处的环境、场面。比如，我们要给小朋友做不同物体浮力的实验，看看金属、木材、塑料等哪些能漂浮在水面上，我们就选择家里注水的浴缸为实验场景，可以描述浴缸的大小、水的来源等。

实验方法：本研究实验采用什么方法，验证实验还是比较实验或其他实验方法。可以进一步描述实验方法的细节。

实验所用材料：列出实验所需材料的清单，包括品名、规格、单位、数量等。实验所需材料要提前采购或领用，材料清单是非常必要的。一些价值高、难以采购、有危险的关键材料，还需要单独说明，并遵循相应的管理规定。

实验所用设备：实验采用的设备的具体说明、设备的来源等。

实验环境控制：包括温度、湿度、光线、振动等环境的控制方式。

实验分组：如果是分组对比实验，要介绍分组的方法、数量，每个组的构成及其特征。

3. 实验过程

这一部分需要描述实验实际的发生过程，关键点如下。

①按时间顺序记录，交代实验各项工作发生的先后次序及其逻辑关系。

②描述发生的各种事件，提供获得的主要数据。如果数据比较多，可以整理汇总后，将主要结果呈现在论文中，而细节数据放在附录中。

③实验记录要客观、完整、翔实，不掺杂实验人员的主观判断。

4. 结果分析与讨论

①对实验获得的数据、事件进行总结，得出实验结论。

②讨论实验取得的成果，分析实验中的不足之处，提出进一步改进实验的建议。

③分析实验的应用价值。比如，根据泡沫铝密度实验的数据，提出将泡沫铝用于汽车轻量化、空间分隔等领域的建议。

由此可见，实验论文写作的关键是实验设计和实验过程。

本章思考题

1. 实验研究方法有哪些？
2. 描述你所在专业一个典型的实验过程，分析此类实验的特点。
3. 实验类论文的论证逻辑是什么？论证过程包括哪些环节？
4. 如何让实验设计和实验过程的写作更加精准？

第 6 章 质性研究类论文写作

 本章导读

质性研究也叫定性研究,是人文社科专业的主要研究方法。质性研究是指不采用量化方法来获得研究发现的任何研究。本章首先介绍质性研究的概念和论证逻辑,然后推荐创造型、辩论型、描述型、综述型和应用型五种类型质性研究论文的结构。

6.1 质性研究及其方法

6.1.1 什么是质性研究

前面介绍的建模和实验研究方法,称为量性研究,是指先规定收集资料的方法,通过数据资料来研究现象的因果关系。而在人文社会科学(甚至于部分自然科学和工程技术)中,数据资料收集非常困难,需要用质性研究方法。

质性研究是指不采用统计程序或其他量化方法来获得研究发现的任何研究。它以研究者本人作为研究工具,在自然情境下,采用多种资料收集方法(访谈、观察、实物分析),对研究现象进行深入的整体性探究,从原始资料中形成结论和理论,通过与研究对象互动,对其行为和意义建构获得解释性理解的一种活动。比如,人类学、心理学、教育学领域,质性研究使用很普遍。质性研究注重人与人之间的意义理解、交互影响、生活经历和现场情境，在自然状态中获得整体理解的研究态度和方式。

质性研究是通过观测、实验和分析等来考察研究对象是否具有这种或那种属性或特征，以及它们之间是否有关系等。由于它只要求对研究对象的性质作出回答，故称质性研究。

质性研究是建立在一群小规模、精心挑选的样本个体上的研究。研究者运用历史回顾、文献分析、访问、观察、参与经验等方法获得处于自然情景中的资料（如历史记录、会谈记录脚本和录音、注释、反馈表、照片以及视频等），并用非量化的手段对其进行分析、获得研究结论。该研究不要求具有统计意义，而是更强调经验和描述。

例如，要探索"儒家文化对中国社会的影响"，你很难用具体数据来论证这个问题，就需要采用定性的方法，从国家治理、教育、文化等方面，用人物、事例、逻辑推理等进行论证。

质性研究的对象可以包罗万象，涉及人民生活、生活经验、行为、情绪和感觉等，也包括组织功能、社会运动、文化现象及国家间的互动。

质性研究和量性研究的区别见表6-1。

表6-1 质性研究和量性研究的区别

比较项目	质性研究	量性研究
从本体论	假设世界上事物现象是"主观诠释"	假设事物现象是"客观存在"
从认识论	主观体验，非由外人来了解，追求整体意义	分析"客观"的因果关系，强调"客观解释"
从方法论	追求特殊关系的整体了解	追求普遍性关系或定律
从研究者角度	研究者需身历其中，才能感同身受	视研究者为局外人
研究者与对象之间的关系	研究者必须亲身参与	两者是分离的
方法技术	常用描述性	利用统计方法
研究目的	确定某一事物是否存在	确定某一事物存在的数量
研究内容	较不结构化、较大弹性	较结构化、较确定
研究方法	个案研究法、深度晤谈、团体晤谈、参与观察、投射技术等	调查法、实验法、汇总法等

下面以"一匹马"为例，说明质性研究和量性研究的区别，见表6-2。

表 6-2 "一匹马"的研究

研究对象	量性研究	质性研究
一匹马	• 有一个头，两只耳朵 • 有两只眼睛 • 有四条腿、一条尾巴 • 4 岁左右 • 重 150 千克 • 奔跑速度可达 40 千米 / 小时 ……	• 是优良品种 • 是枣红马 • 身体匀称 • 肌肉发达 • 动作灵活 • 通人性 ……

由此可见，定量的数据能够精确地测量出来，不会因为观测者的不同而改变。定性的数据是无法测量得出的，它是一种带有主观性的经验判断。定性研究是主观的，定量研究是客观的。定性研究的数据通常是文本数据，定量研究的数据则为数值数据。

质性研究不限于人文社会科学。有些自然科学、工程技术问题，也需要用质性研究的方法。例如，预测"人类什么时候能登上火星"，用数学模型往往是行不通的。科学家就会采用"德尔斐法"等研究方法，多轮次收集火星研究领域专家的观点，形成预测结果。

在人文社会科学的质性研究中，人文方法非常重要。人文方法是人文思想中所蕴含的认识方法和实践方法。与科学方法强调精确性和普遍适用性不同，人文方法重在定性，强调体验，且与特定的文化相联系。

质性研究有两个不同的层次：①没有或缺乏数量分析的纯质性研究，结论往往具有概括性和较浓的思辨色彩。②建立在定量分析基础上的、更高层次的质性研究。质性研究并不排斥数据，相反，还会努力通过调查等形式获取数据。因此，在质性研究中采用调查的方法，是提高研究水平的重要手段。

6.1.2 质性研究的六种基本方法

（1）访谈法。通过访谈人员和受访人面对面的交谈，来了解事物发展过程、受访人对于事物看法的基本研究方法。比如，我们访谈进城务工人员，了解其如何找工作，从而写出进城务工人员就业现状的论文。

（2）参与观察法。研究者深入研究对象的生活背景中，在实际参与研究对象日常社会生活的过程中进行观察的研究方法。比如，我们在野外连续观察鸟类的活动规律，从而写出某种鸟的生活习性的论文。

（3）实地勘察调查法。研究人员利用现代科学原理、现代科技知识和方法，对需要取证的事实进行勘验、检查、调查访问、寻找、发现、固定和提取有关的痕迹或物品等证据材料和信息，为科技鉴定、综合分析判断提供依据的研究方法。考古等专业常采用这种方法。

（4）个案研究法。对某一个体、某一群体或某一组织在较长时间里连续进行调查，从而研究其行为发展变化的全过程的研究方法，这种研究方法也称为案例研究法。

（5）视觉分析法。视觉分析法包括水平视野分析、垂直视野分析和视野协调分析三部分。例如，对新建设的道路，可以采用视觉分析法，分析其空间线形是否合理，与周围自然景观和沿线建筑是否协调，是否对驾驶员的心理产生影响等。随着仿真技术的发展，道路建设之前，就可以进行视觉分析仿真。

（6）论述分析法。对有关理论或现象的背景、内容、规则等进行论述，通过推理得出结论的研究方法。例如，毛泽东1925年发表的《中国社会各阶级的分析》就是在调查的基础上采用的论述分析法。

此外，质性研究方法还有投射测试法、焦点团体讨论、文献法、民族志、历史研究、扎根理论方法、叙事分析、行动研究、多元方法等。采用哪种方法，需要根据研究问题的性质决定。

6.2 质性类论文的论证逻辑与研究过程

和其他论文一样，质性研究的论文需要明确界定所需研究的问题、制订有效的研究计划以便获得有益的研究成果。论证过程要符合论证逻辑，再围绕逻辑设计研究过程。

6.2.1 质性研究的论证逻辑

质性研究是以解释现象为导向的，其研究焦点是构建和维持有意义的、复杂的、有微小差别的过程。质性研究的目的是引出经历和行为的脉络化的本质，并试图对其进行精细的、深度的、综合性的分析。由于质性研究聚焦于意义和解释，其弹性的、解释性的方法是必要的。质性研究的意义和解释不能使用统计学方法进行测试和处理。质性研究的论证逻辑如图6-1所示。

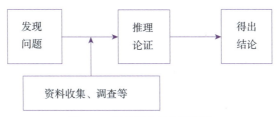

图 6-1　质性研究的论证逻辑

发现问题，就是通过观察社会现象、分析文献等，发现值得研究的问题。发现问题之后，围绕问题开展调查、进一步收集资料，然后进行演绎推理或归纳推理，得出符合实际的结论。

大学生论文写作，首先在大的逻辑上不能出问题。有些同学的论文，前期发现的问题不明确，中间收集的资料不充分、缺乏调查研究，后期缺乏推理论证，或者论证不严密，得出的结论就不可靠。

这个逻辑，要在论文的目录中清晰地展现出来，各部分的内容也要严格按照逻辑来写。论文写作中经常出现的问题是，论证的顺序不按逻辑来写，写到一个部分的时候，糅进了其他部分的内容。比如，在发现问题阶段，就急着给出结论；推理阶段，又变换问题、补充新的资料；结论阶段，又提出新的问题等。

6.2.2　质性研究的研究过程

按照论文的论证逻辑，如果将其中的过程细化，大致包括七个过程，如图 6-2 所示。

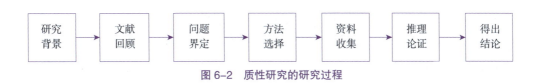

图 6-2　质性研究的研究过程

其中研究背景、文献回顾是为了发现问题。问题界定是明确问题。方法选择和资料收集是为论证做准备。最后通过推理论证，得出结论。

主要部分的写法，详见 3.4 节（研究背景）、第 12 章（研究背景、文献综述、研究方法、结论等）等。

6.3 质性类论文的类型和结构

质性研究有多种方法，形成的论文也有多种类型（或称文体、体裁），需要根据研究方法和论文类型设计论文结构。

6.3.1 质性研究的论文类型

由于文科学科众多，大都采用质性研究方法，因此其论文类型众多，主要有以下五种类型。

1. 创造型论文

创造型论文是指在对以往理论、学术观点分析的基础上，对该领域尚未认识的事物、问题有新发现，从而提出新的思想、理论、方法或假说等。这样的论文最有价值，但是难度也最大。

> 创造型论文举例：
> - 从俄乌战争看"新冷战"趋势
> - 三星堆文明的渊源探索
> - 网络时代品牌观念的转型
> - 中国中产阶级的形成探析
> - 网络成瘾问题的社会学探究

2. 辩论型论文

辩论型论文是指运用议论、说明等表达方式，通过概念、判断、推理等逻辑形式来分析事物、推论事理，阐明新观点、重要见解，或否定与驳斥前人的观点。辩论型论文又分为立论型论文和驳论型论文两种。立论型论文从正面阐明自己的观点和见解，而驳论型论文主要通过驳斥、辨析别人的错误观点，最终确立自己的观点并论述其正确性。

> 辩论型论文举例：
> - 荀子的社会秩序论
> - 电视新闻故事化倾向辨析

- 论卡夫卡作品中的父子冲突主题
- 散文创作的俗与雅
- 服务失误的处理
- 亚里士多德哲学观反思

3. 描述型论文

描述型论文也称作说明型论文，是对某一客观存在的社会现象或自然现象的分析和描述。这类论文重在资料的收集、挖掘、整理、鉴别、描述、说明和解释。对现象的描述和对问题的论证两种方法并存。

描述型论文举例：
- 发展中的路透社
- 香港警匪片的叙事模式
- 明朝移民史略
- 中国社会分化状况分析

4. 综述型论文

综述型论文就是针对某一研究对象，归纳、总结前人或今人的研究成果，并在此基础上加以介绍或评论，从而发表自己的见解。其特点是以叙述为主、夹叙夹议，有时议论也多于叙述。

综述型论文举例：
- 海外"新移居文学"研究
- 左翼文学的历史贡献
- 广告的文化形态
- 朱熹史学研究
- 柏拉图的知识观

5. 应用型论文

应用型论文就是运用已有的理论和方法，分析、解决实际中的问题。需要运用所学专业的某一个或若干个理论，分析实际中存在的问题，提出针对性的解决方案。此类论文强调应用，强调解决实际问题。第 9 章专题研究型论文是应用型论文中数量最多的一种，可以参考其写法。

> 应用型论文举例：
> - 互联网广告经营策略研究
> - 新闻照片的拍摄方法
> - 自媒体软文写作技巧

除了上述类型外，可能还有其他论文形式，同学们需要根据研究的问题，选择合适的文体。

6.3.2 质性类论文的结构

质性类论文没有统一的结构。下面我们针对创造型、辩论型、描述型、综述型和应用型五种类型，分别分析其特点，并提出结构建议，供同学们参考。

（1）创造型论文。此类论文的核心是提出新的理论、方法或假说等。要求前期发现问题阶段拥有大量资料，对现有理论、方法存在的问题诊断有力，提出的观点鲜明、论证严密。建议结构如下：

> 论文题目：网络时代品牌观念的转型
> 第 1 章　绪论
> 第 2 章　理论基础与文献回顾
> 第 3 章　网络时代品牌观念调查与分析
> 第 4 章　网络时代品牌观念的发展趋势
> 第 5 章　结论与展望

第 1 章绪论，通常包括研究背景和意义、研究目的、研究方法、研究内容和文章结构等。第 2 章理论基础与文献回顾，通常包括理论基础（相关概念的界定、相关理论、相关方法和分析工具等）、文献回顾（和本论文相关的文献回顾）。第 5 章结论与展望，通常包括研究结论、研究存在的不足、未来研究展望等，也可以用简要的"结语"代替"结论与展望"结束全文。下面几种论文类型的这几章基本相同，均可参考第 12 章中有关部分的写法。

（2）辩论型论文。此类论文的核心是思辨，就是针对前人的观点，提出新的观点（立论型），或者否定与驳斥前人的观点（驳论型）。要求对前人观点总结完整，提出的观点或驳论依据犀利、论证严密。建议结构如下：

> 论文题目：亚里士多德哲学观反思
> 第 1 章　绪论
> 第 2 章　哲学观相关理论与文献回顾
> 第 3 章　亚里士多德哲学观梳理
> 第 4 章　亚里士多德哲学观的贡献与不足
> 第 5 章　结论与展望

（3）描述型论文。此类论文的核心是对社会现象或自然现象的分析和描述，不带作者个人的观点，客观公正。要求前期拥有大量资料，描述过程条理清晰。建议结构如下：

> 论文题目：香港警匪片的叙事模式
> 第 1 章　绪论
> 第 2 章　叙事模式理论基础与文献回顾
> 第 3 章　香港警匪片的叙事手法案例
> 第 4 章　香港警匪片的叙事模式解析
> 第 5 章　结论与展望

（4）综述型论文。此类论文的核心是总结前人研究成果，发表自己的见解。要求拥有大量资料，叙述过程能抓住关键，对前人成果的问题诊断有力，提出的观点鲜明、论证严密。建议结构如下：

> 论文题目：左翼文学的历史贡献
> 第 1 章　绪论
> 第 2 章　文学评价相关理论与文献回顾

> 第 3 章　左翼文学的发展过程
> 第 4 章　左翼文学历史贡献评价
> 第 5 章　结论与展望

（5）应用型论文。此类论文的核心是运用已有的理论，解决实际中的问题。要求至少运用一个理论，对实际中的社会现状介绍清楚，对存在的问题诊断有力，最好是通过调查发现问题，而且解决这个问题有很好的价值。解决方案系统、科学、可行。建议结构如下：

> 论文题目：××公司互联网广告经营策略研究
> 第 1 章　绪论
> 第 2 章　广告经营相关理论与文献回顾
> 第 3 章　××公司互联网广告经营现状与存在问题分析
> 第 4 章　××公司互联网广告经营策略改进方案
> 第 5 章　结论与展望

其中，第 3 章一般包括××公司概况、××公司互联网广告经营现状、××公司互联网广告经营调查、××公司互联网广告经营存在问题分析以及产生问题的原因分析等。第 5 章一般包括××公司互联网广告经营目标与思路、××公司互联网广告经营策略设计、××公司互联网广告经营保障措施等。可以参考第 9 章的写法。

下面给出一个完整的论文结构案例：

> 论文题目：水星社区管理和居民参与度调查与分析
> 第 1 章　绪论
> 　　1.1　研究背景和意义
> 　　1.2　研究目的
> 　　1.3　研究问题界定
> 　　1.4　研究内容和文章框架
> 第 2 章　文献回顾
> 　　2.1　国内外社区权力研究概述

2.2 社区可持续发展理论

2.3 我国城市社区治理模式和居民参与

第3章 研究方法

3.1 研究方法选择

3.2 研究过程

3.3 资料的收集、整理、分析与检验

第4章 从管理者角度分析社区管理和居民参与

4.1 南书街道办事处简介

4.2 水星社区的"五位一体"管理模式

4.3 从行动-制度模式分析街道办和居委会的立场

第5章 社区管理和居民参与调查

5.1 水星社区居民参与概况

5.2 水星社区满意的居民的访谈

5.3 满意者对社区管理的意见

5.4 不满意居民的分析思考

第6章 结论与展望

6.1 研究结论

6.2 对社区管理的建议

6.3 未来研究展望

这个例子围绕同一件事情的两个方面（社区管理与居民参与），从社区管理者、对社区满意度较高居民、不满意居民三个不同角度进行调查，获得了社区管理与居民参与的现状与问题，并分析产生这种现象的深层原因，提出改进社区管理与居民参与的建议。

本章思考题

1. 结合你所在专业，举例说明质性研究和量化研究的区别。
2. 质性研究有哪六种基本方法？你们专业一般用什么方法？
3. 结合你所在专业，描述质性研究的过程。
4. 找几篇你所在专业的质性研究论文，分析其结构特点。

第 7 章 实证类论文写作

> **本章导读**
>
> 实证研究分为数理实证研究、案例实证研究两种。对于不能精确量化的变量，常常可以用实证的方法进行定量研究，得到科学的结论。实证研究类论文不仅适合理科、工科、管理学专业，也适用于人文社科专业。
>
> 本章首先介绍实证研究法，然后分析数理实证研究和案例实证研究的论证逻辑，最后讨论实证类论文的写作关键。

7.1 实证研究方法概述

7.1.1 什么是实证研究

有时候，我们研究的问题不能用准确的数据来表达，如员工积极性、努力程度、舆论关注度、快乐情绪等。如果完全用模糊的概念来表达，又不精确。随着近代自然科学的兴起，19 世纪的西方出现了"科学崇拜"的思想，因此就有人文社科专业的学者采用实证主义的研究方法，试图用数据表达模糊的概念。我国在 20 世纪 80 年代才开始引入实证研究法（empirical study）。

实证研究法是指通过对现有材料（数理实证）或调查收集的资料（案例实证）进行数理统计、分析，并设计实验，进行量化的、精确的测试并推导出结论。广义的实证研究法包括观察法、谈话法、测验法、个案法、实验法。狭义的实证研究法是指利用数量分析技术，分析和确定有关因素间相互作用方式和数量关系的研究方法。本章介绍的是狭义的实证研究法。

实证研究的方法用途很广。例如，大城市外来人口较多。有些城市对外来人口包容性很强，有些城市则排斥外来人口。可以以"包容性"为主题，设计研究方案，研究城市历史、文化、经济结构等因素对包容性的影响。城市历史、文化等是自变量，包容性是因变量。

再如，对外宣传对城市形象的影响、游客服务对景区旅游接受度的影响、上市公司公告发布方式对公司股票价格的影响等，都可以用实证研究的方法。

实证研究法包括数理实证研究法和案例实证研究法。本科论文研究的时间较短，可以采用数理实证研究法，用现实中的数据得出一些结论。也可以采用个案研究，通过一个或若干个案例的资料得出有价值的结论。

7.1.2　数理实证研究

数理实证研究比较适合研究较为复杂的问题。社会经济制度之间存在着极为复杂的相互作用机制，而运用数学计量工具可以将有关影响因素予以固定，从而发现复杂现象之间的内在联系，消除变量内生性、异方差和多重共线性问题。

例如，太阳风暴发生时，释放的大量紫外线会使地球上空的电离层浓度突然增加，造成对无线电信号的干扰。天文学家根据历史数据，找出太阳风暴发生的规律并进行预测，为航空航天、无线电通信行业规避太阳风暴提供依据。再如，新中国成立70多年来，我国各行各业都经历了高速发展。采用实证的研究方法，利用行业发展的历史数据，可以找出行业发展规律，用于指导未来行业发展方向。还有，地震学家利用过去地震灾害统计数据，发现地震烈度对建筑物的破坏性，分析建筑物本身的性质特点，可能会得出某类建筑物抗震性强的结论，从而为地震多发地区的建筑物设计提供依据。

但数理实证研究对于数据质量相对要求较高。如果收集的数据存在错误，往往会导致错误的分析结果。这就需要研究者在数据收集过程中保持高度警觉，有意识地避免数据问题。

此外，世界上很多现象的发生，都可能有联系。随便找出两个同样有时间趋势的事情联系在一起，也许可以发现它们有很强的相关性，但实际上却没有什么关系。这种现象在计量经济学中被称作伪回归或者伪相关。例如，犯罪率、冰淇淋销量和儿童溺水率是三个毫不相干的指标。但当对过去若干年这三组数据进行分析，人们发现，三者似乎有很强的相关性：犯罪率比较高时，冰淇淋销量和儿童溺水率都会比较高；犯罪率低时，冰淇淋销量和儿童溺水率也都会比较低。

7.1.3 案例实证研究

案例研究可以分为个案研究和多个案研究。个案研究就是"解剖麻雀"，可以快速、深入地收集少数案例资料，从现实获取灵感。例如，每年的毕业季大学生找工作有困难，你可以深度访谈身边的应届毕业大学生，了解其找工作过程中遇到的各种问题，分析其原因，写出个案研究的论文。一般来说，当研究时间较短、希望尽快得出结果、大量调查困难时，可以用个案研究法。

多个案研究，也可以理解为抽样研究。比如，了解人们对于疫情的看法，我们不可能去问每个人，而是选择进行抽样调查，对收集的样本进行处理，得出人们对疫情的看法。当然，有可能人们的看法是不一样的，可以发现不同年龄、区域、职业人群的看法不同，得出研究结论。样本越大，结论越准确。

当然，案例实证研究也有缺陷。比如，我们研究鸟类的栖息规律，如果只是追踪若干只麻雀、乌鸦、斑鸠就得出结论，往往就会有片面性。为了避免其局限，可以在选题的时候，把问题定义得小一点（如大别山区鸟类栖息规律）、样本大一些（对大别山区大部分鸟类进行追踪），这样就可以让结论更贴近实际。

7.1.4 实证研究的过程

（1）确定所要研究的对象。分析研究对象的构成因素、相互关系以及影响因素，收集并对相关的事实资料进行分类。

（2）设定假设条件。在研究的过程中，研究对象的行为是由其特征决定的。如果试图把所有复杂因素都包括进去，显然是不现实、不可能的。为此，必须对某一理论所使用的条件进行设定。当然，假设条件有些是不现实的，但没有假设条件则无法进行科学研究。运用实证研究法研究问题，必须正确设定假设条件。

（3）提出理论假说。假说是对于现象进行客观研究所得出的暂时性结论，也就是未经过证明的结论。假说是对研究对象的经验性概括和总结，但还不能说明它是否能成为具有普遍意义的理论。

（4）验证。在不同条件和不同时间对假说进行检验，用事实检验其正确与否。最常用的验证方式是问卷调查，还有访谈、网络文本分析、面板数据聚类分析等。要根据问题的性质和所在环境决定验证方式。

7.1.5 实证研究的数据来源

1. 数理实证研究的数据来源

数理实证研究的关键是数据包，如果离开数据，研究工作也就无从下手。因此，如果你所在的学校、调查的企事业单位有很多数据，或者你在图书馆、档案室发现了很多有价值的历史数据，就可以研究这些数据，提出假设，针对这些数据设计研究，验证假设。

例如，国家高度关注绿色经济发展。某同学想，环境法规、技术进步对绿色经济发展肯定有作用。他上网查到，政府的统计年鉴里，有历年绿色经济发展的分类数据。环境法规可以从法制网查到。绿色技术也可以从相关的技术资料中收集。于是他选了长三角代表性的几个城市（如上海、南京、杭州、合肥等），通过面板数据分析环境法规、技术进步对绿色经济发展的影响，写出了有分量的毕业论文。

近年来，互联网应用快速发展，互联网上也积累了很多数据。但是这些数据规律性不强，看不出头绪。例如，电商购物过程中，会产生订单（有商品名称、规格、数理、价格、颜色等几十项数据）、物流（有物流路线、价格、时间、收货确认等几十项数据）、服务（有顾客提问、回答、满意度、评论等几十项数据）等海量数据。这些数据很可能包含着产品畅销或滞销的秘密。有人利用网络爬虫技术，从网上下载海量的评论数据，通过软件技术找评论主题词，形成主题词网状链接结构，"人为"地形成了数据包。然后用实证方法研究数据包内变量的关系，通过顾客评论找出顾客对产品关注的主要因素（主题词），指导我们对产品的性能、包装、物流等进行改进，从而更好地开展电商活动。

2. 案例实证研究的数据来源

案例实证研究的数据来源是调查，这和数理实证研究不同。案例实证研究可以在明确研究对象和目的之后，设计并实施调查（见 3.3 节和第 10 章），获得数据。

7.2 数理实证研究的论文结构和论证逻辑

数理实证研究，就是通过对已有的大量数据进行分析，找出其中一些变量之间的规律。这些数据，是过去一定时期积累的、从表面看不出规律的。

数理实证研究论文的典型名称为：基于 WWW 的 AAA 对 EEE 影响的实证研究。其中，AAA 是一个事件（自变量，如天网工程），EEE 是因变量（如警务工作效率）。而 EEE 进一步可以分解为 EEE1、EEE2、EEE3 三个指标（如警务工作效率可分为刑事案件立案数、破案数、破案率三个指标）。WWW 是一种成熟的理论模型（如加权位移商模型）。典型的论文结构如图 7-1 所示。

图 7-1 数理实证研究的论文结构和论证逻辑
（a）论文结构；（b）论证逻辑

如果自变量不止一个，可以把标题改成：AAA 和 BBB 对 EEE 的影响实证研究，研究内容中相应增加 BBB。

论证过程不是单向的，很多时候有反复。收集的数据经过处理后，发现结果达不到预期，还要返回重新收集资料，甚至再回到前面重新选取变量（指标）。

7.3 案例实证研究的论文结构和论证逻辑

和数理实证不同，案例实证研究之前，并没有现成的数据，需要围绕问题，通过问卷调查、访谈调查等方式，收集实证数据。这里所说的问题，就是我们在第 2 章选题中发现的问题。比如，我们观察企业，发现不同风格的领导（权威型、民主型、联系型、教练型、领先型、高压型等）对于员工的工作绩效有影响。具体如何影响呢？我们为此设计一项研究，题目为：领导风格对员工绩效影响的实证研究。当然，题目前面可以加上限定词，如"高科技企业"，也可以加上研究方法，如"基于领导者参与模型的"。

案例实证研究论文的典型题目为：基于 M 的 X 对 Y 的影响研究。典型的论文结构如图 7-2 所示。

图 7-2 案例实证研究的论文结构和论证逻辑
（a）论文结构；（b）论证逻辑

同样，M是一种成熟的理论模型（如领导者参与模型），自变量 X 也可能分解为若干子变量，如 X_1、X_2、X_3 等。一般情况下，因变量 Y 只有一个。研究过程中，可能还有中介变量、控制变量、调节变量等。

7.4 实证类论文的写作关键

实证研究的主要环节是问题定义、变量选取、模型构建、提出假设、问卷设计、数据收集（调查过程）、数据处理与检验，最终得到结论。其中问题定义见第2章，问卷设计和调查过程、数据处理与检验见第3章。这里介绍论文研究和写作过程中的几个关键。为了便于理解，以"外来人口对城市发展的影响"研究为例。对外来人口的关注体现了党的二十大倡导的共同富裕的思想。

1. 实证研究的文献综述

除了常规文献综述需要注意的事项之外，还需要注意以下几方面。

（1）分别介绍各变量的前期研究成果。如上文关于外来人口、城市服务业等的研究。

（2）介绍专家已经做过的对于变量之间相互关系的研究。如外来人口对城市服务业不同方面的影响研究。

（3）列表。在以上两项内容之后，要列出一个表，表明哪个专家提出了哪些变量，使后面的变量选择一目了然。示例见表7-1。

表7-1 在线短租领域中感知价值的研究

研究主题	研究结果	来源
Airbnb顾客的满意度影响因素	包括享受性、货币价值和住宿设施，而社会价值仅对与房东共住的顾客满意度产生影响	Tussyadiah（2017）
消费者对酒店与P2P住宿优缺点的感知	每种住宿类型的优点通过感知旅行体验的真实性来体现，而缺点通过每种住宿的相关风险来评估，包括产品性能风险、时间、便利风险和安全风险	Birinci 等（2016）
感知安全对Airbnb用户的态度和满意度的影响	享受和剩余对Airbnb态度有正向影响，而其他激励因素（如可持续性和经济收益）没有显著影响	Sujing Yang 和 Sungsook Ahn（2016）
消费者对在线短租的感知价值与潜在代价	消费者的感知价值包括经济价值、功能价值、情感价值及符号价值四个维度	Nguyen（2018）
消费者关于在线短租感知服务质量层面的观点	便利性和可靠性是Airbnb住宿服务质量测度的关键因素	Priporas 等（2018）

要有研究述评（或文献述评），围绕本研究（外来人口对城市服务业发展的影响），评价前人研究解决了什么问题、对我们有什么启示、还有哪些不足，从而引出本研究的必要性。具体写法见 12.3 节。

2. 如何选取变量和指标

在第 2 章问题定义的时候，只是列出了需要研究的问题。进一步研究的时候，就要把"模糊的"问题转化为"明确的"指标。对于"外来人口对城市发展的影响"这个问题，该用哪些指标？

让我们分析一下需要研究的问题。如果笼统地介绍，你可以用很多数据说明，随着外来人口增加，城市发展越来越快，所以外来人口对城市发展的贡献很大。但是，这样的文章即使数据很多，也经不起推敲。

要科学地研究这个问题，就要用严密的数据关系证明"外来人口"对"城市发展"的影响，而不是简单地堆砌数据：①需要用多年的数据，可以从城市年鉴、统计报表等获得多年外来人口的数据。②城市发展除了外来人口的贡献之外，还有很多其他因素，要排除掉其他因素，这个工作太难了。因此，我们有必要把"城市发展"这个概念缩小一点，如"城市服务业发展"，因为凭直觉，城市里从事服务业的，大都是外来人口。题目就成了《外来人口对城市服务业发展的影响》。问题就变成了如何选择"外来人口"和"城市服务业发展"的指标。

描述外来人口的指标有人数、性别、年龄、来源地、学历、职业等。其中人数、职业是必选指标，性别、来源地也可能对服务业发展有影响。我们姑且选这四个指标描述外来人口。

描述服务业发展的指标有行业产值、GDP（增值）、税收、企业数、从业人数、行业细分（如餐饮、家政、环卫等）、平均工资、人均每月工作时间、人均消费等。产值和 GDP 肯定只选一个，二者比较起来，GDP 更可信。税收、平均工资、人均消费不是"贡献"的关注点，不选。"行业细分"也许能发现哪些地方外来人口贡献最大，要选这个指标，人均每月工作时间和外来人口的付出有很大关系。可以暂定 GDP、企业数、从业人数、行业细分、人均每月工作时间这 5 个指标。

3. 模型构建和假设提出

1）概念模型

实证研究的模型，就是概念之间的逻辑关系模型，表明自变量、因变量、中介变量、控制变量和调节变量的关系。关于变量的解释，请见第 1 章。模型示例如图 7-3 所示。

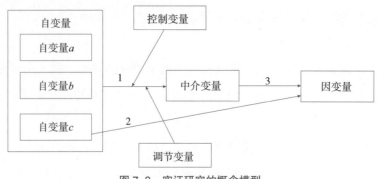

图 7-3 实证研究的概念模型

构建概念模型时,需要注意以下几个问题。

(1)研究性。也就是要有前人的研究支撑。文献综述中,有关于自变量、中介变量、因变量等的研究。变量选择,也是基于文献的筛选。任何两个变量之间的关系,都已经有前人的研究。如果没有前人研究的支撑,这个模型就缺乏理论基础。

(2)逻辑性。也就是要符合逻辑,如给员工发钱(员工激励、自变量),可以调动员工的积极性(中介变量)。前人研究指出,员工积极性对工作绩效有正向影响,不能直接把没有逻辑联系的变量用箭头直接联系上。

(3)简洁性。也就是变量不要太多,变量之间的关系要尽量简化,否则后面的检验很难进行。

2)研究假设

构建概念模型的目的,是后面检验变量之间的关系。中间的 1、2、3 等编号,是假设。例如,假设自变量 a、b、c 对中介变量都有正向影响,变量 c 对因变量有正向影响,中介变量对因变量有正向影响等。具体如何检验,需要把自变量转换成若干指标,如上文所述。

> 消费者感知价值假设
>
> 消费者在购买商品时,希望获得的并不仅仅是商品的自身价值,还包括感知到的商品的附加值和未来期望。消费者感知价值越高,购买某类商品的意愿就越强烈。据此提出以下假设:
>
> H1a:消费者感知功能价值正向影响购买意愿。

H1b：消费者感知情感价值正向影响购买意愿。

H1c：消费者感知经济价值正向影响购买意愿。

H1d：消费者感知社会价值正向影响购买意愿。

4. 问卷设计

通常的问卷设计见第 3 章。案例实证研究需要问卷，而数理实证研究是用面板数据，不需要问卷。案例实证研究的问卷，是为了检验变量之间的关系，和市场调查问卷不同，需要注意以下几个方面。

（1）问卷的内容。问卷是围绕变量和变量之间的关系提出问题的，也就是测量受访者对自变量的指标和因变量的指标之间关系的看法。

（2）一般采取 5 级或 7 级量表。比如，学生学习研究方法的必要性，1 代表很不必要，7 代表非常必要。

（3）问题相互印证。为了防止有的被调查者胡乱回答问题，有时候要对同一个问题设计相反的问法，从而印证问卷回答的真实性。

例如，有一篇论文《H 公司员工满意度实证研究》采用 5 级量表，问卷部分问题见表 7-2。

表 7-2　员工满意度调查问卷

问题	完全不同意	不太同意	不确定	比较同意	完全同意
1. 本企业关心职工的身心健康					
2. 工作越来越繁重，您感到工作压力很大					
3. 本企业在职业健康方面的投入很多					
4. 您感到在企业工作很轻松					
5. 本企业有明确的发展规划					
6. 本企业重视管理创新工作					
7. 本企业的安全防范措施很到位					

其中问题 2 和问题 4 问的是同一个问题，有相互印证的作用。

5. 数据处理与检验

数据处理通常用 SPSS、Matlab 等统计分析软件。处理的内容包括以下三方面。

（1）描述性统计。其主要是为了分析数据整体情况是否符合现实情况。示例见表 7-3。

表 7-3 调查对象的个人基本信息

分类	指标	人数	百分比 /%
性别	男	90	34.4
	女	172	65.6
年龄	18 岁以下	2	0.8
	18~27 岁	201	76.7
	28~37 岁	35	13.3
	38~47 岁	10	3.8
	48~57 岁	13	5
	58 岁以上	1	0.4
学历	高中/中专及以下	23	8.8
	大专	20	7.6
	本科	140	53.4
	硕士	77	29.4
	博士及以上	2	0.8
职业	学生	115	43.9
	国企/事业单位职员	46	17.5
	私企职员	44	16.8
	公务员	8	3.1
	自由工作者	24	9.2
	其他	25	9.5

（2）信度分析和效度分析。其主要检验量表的一致性和质量。

（3）相关分析和回归分析。其主要检验各个变量的相关性和回归情况。

实际上，统计软件都提供信度、效度检验的内容。只要学会统计软件使用方法，将调查数据导入软件，即可得到结果。

本章思考题

1. 实证研究的特征是什么？
2. 数理实证研究和案例实证研究有什么相同和不同的地方？
3. 结合你所在专业，分析应采用什么研究方法，为什么？
4. 请设计你的研究模型，确定各种变量，并作出假设。
5. 分析你的论文可能会在哪些地方遇到研究问题。

第 8 章 毕业设计报告写作

🔍 **本章导读**

毕业设计是围绕产品、工艺、艺术作品、技术方案、工程等而开展的一系列设计过程。学生需要根据研究计划做实验、画图、验证,最后写毕业设计报告。通常情况下,毕业设计由设计的作品(图样、软件、绘画等)和设计说明两大部分组成,不同专业对两部分的内容要求略有不同。

本章解析毕业设计的内容,重点介绍毕业设计报告的结构和写法。

8.1 毕业设计及其分类

通常情况下,这些专业需要做毕业设计:工科专业,如机械、电子、计算机、软件工程、土木工程、水利工程、环境工程等;艺术专业,如绘画、音乐、装饰设计等。其他如园林景观、包装装潢等需要提交图样、方案的,都需要做毕业设计。

8.1.1 毕业设计及其目的

1. 什么是毕业设计

毕业设计是指工科、农林、艺术等专业毕业前夕总结性的独立作业,大学、大专和中专很多学生都需要做毕业设计，是实践性教学的最后一个环节，旨在检验学生综合运用所学理论、知识和技能解决实际问题的能力。

学生在教师指导下，选定研究课题，如设计一款产品（或者零部件）、一个软件程序、一项灌溉工程、一幅画、一首乐曲、一套装修方案等，然后进行设计和研究，包括构思、计算、绘图、技术论证和经济论证，最后提交毕业设计报告，包括图样、软件和设计说明。

近年来，随着IT技术和制造技术的发展，设计过程大量采用CAD等软件，仿真、有限元分析、虚拟制造等技术被广泛应用到设计过程中，提高了设计效率和质量。如果结合3D打印，甚至能提交产品实物。

与此同时，学校对毕业设计的要求越来越高。以"机械工程专业毕业设计"为例，2004年以前毕业设计一般包括毕业设计图样+说明书（毕业论文）。2005年以后国家教育部门提出新要求，加入三维设计、模拟仿真及程序分析，毕业设计结果需要提供图样（CAD三维图样+二维工程图）+开题报告+任务书+实习报告+说明书正文。其他专业毕业设计要求也有越来越高的趋势。

2. 毕业设计的目的

毕业设计是毕业之前的最后一个环节，其主要目的有以下几方面。

（1）巩固、加深基础和专业知识。大学几年，同学们已经学过很多基础知识和专业课程。让同学们把这些知识在设计过程中得到实训，可以进一步系统巩固、加深印象，把书本知识变成自己的知识。

（2）提高综合运用基础知识和专业知识的能力。毕业设计面临各种问题，需要综合运用多种知识而不是单纯某一门课的知识，可以提高学生综合运用知识的能力，并培养创新能力。

（3）了解专业设计的程序和方法。国家对专业工程设计有很多政策、标准和规范，包括设计任务书、政府部门批文、委托招标设计和施工管理等，都有程序和规范要求，而大学教学并没有这方面的内容。学生参与毕业设计，需要熟悉如何使用专业的技术规范和规定，使提交的图样、设计方案等能得到实际的认可。

（4）学会收集资料。学习和熟悉如何收集资料，了解国内外的设计现状和水平。在此基础上，吸取先进的设计理念、思想和方法，借鉴设计优点，规避不足。

（5）学习调查研究的方法。深入实际了解已有设计存在的问题，从经济、技术、环境等全面分析和解决问题，并培养独立思考、独立工作能力。

（6）了解工程中常用做法。很多工程项目在实际中都有经验性的做法，这是书本上没有的，是工程意识与工程实践能力的体现。

总之，毕业设计具有综合性和实践性，是其他教学环节不能代替的。可以培养学生五种能力：①调查研究、收集资料的能力。②一定的方案比较（论证）能力。③一定的理论分析与设计运算能力。④工程制图及撰写说明书的能力。⑤应用计算机的能力。这些能力的提升，对于学生进入社会非常重要。

8.1.2 毕业设计的选题与过程

1. 毕业设计的选题

选题是毕业设计的关键。一个良好的课题，能强化理论知识及实践技能，使学生充分发挥其创造力，圆满地完成毕业设计。可以考虑从以下角度挖掘课题。

（1）学科教学的延伸。例如，机电一体化专业要求学生设计机械部件及其控制电路并安装调试，选择一种包含机械和控制的装置就是很好的选题。

（2）多学科的综合。例如，城市的交通信号灯需要 PLC 控制的信号显示、信号长短计时的时钟电路、信号灯的机械安装底座等综合知识。

（3）从生产实际中选题。导师可以和企业合作，共同开发有实用价值、适合学生设计的课题，甚至可以以某些单位的某项生产任务作为设计课题。

2. 毕业设计的过程

（1）需求分析。通过资料查询、市场调研、用户调查等方式，明确设计的需求。毕业设计最终是要解决问题的，如果需求不明确，设计出来的成果必然无法解决问题。

（2）设计。其中又分为确定研究方案、开发平台选型/工具选择、总体设计、详细设计、设计实施等环节。

研究方案：包括研究课题的目的和意义、研究内容、研究的理论假设、技术路线、研究资料的收集方法与分析方法、研究的时间进度和预期成果等。

开发平台选型/工具选择：针对需要解决的问题，选择开发平台或开发工具。

总体设计：又称概要设计，即对需要解决的问题，从全局设计系统总的处理方案。

详细设计：针对总体设计中的各部分，分别进行机械、电子、控制、编程、绘图等设计，以完成总体设计提出的各项任务。

（3）试验验证。对设计方案，通过样品测试、计算机仿真、现场试验、现场试用等方式，验证其功能有效性和技术指标的先进性。

（4）撰写设计报告。验证结束之后，撰写设计报告，对整个设计过程及其成果进行文字总结。

由于工程、农林、艺术等专业的差异，在总体设计、平台选择、详细设计、验证等环节需要采用不同的技术、工艺或方法。

8.2 毕业设计报告的结构示例

毕业设计报告的内容，是设计任务书、开题报告、调研和需求分析、设计说明书等内容的集合。也就是除了图样、绘画、软件等设计载体之外其他的内容。由于专业差异，毕业设计报告的结构差别较大。

例 8-1：某系统软件的开发（计算机专业）

```
1. 引言
   1.1 应用项目背景
   1.2 项目开发特色
   1.3 开发计划
2. 项目分析设计
   2.1 项目整体框架
   2.2 功能说明
   2.3 开发工具简介
3. 项目实现
   3.1 数据库设计结果
   3.2 代码开发原理和过程
   3.3 实现中遇到和解决的主要问题
   3.4 项目维护和改进计划
4. 结束语
```

例 8-2：三相异步电动机正反转电路的设计（电气专业）

> 第 1 章　设计任务分析
> 　　1.1　需求分析
> 　　1.2　国内外研究概况
> 第 2 章　设计内容概述
> 　　2.1　三相异步电动机简介
> 　　2.2　可编程控制器（PLC）简介
> 　　2.3　总体结构
> 第 3 章　硬件设计
> 　　3.1　PLC 的选型
> 　　3.2　元器件简介
> 　　3.3　主电路设计
> 　　3.4　I/O 地址分配
> 　　3.5　I/O 外部接线图
> 第 4 章　软件设计
> 　　4.1　列逻辑公式
> 　　4.2　设计梯形图
> 　　4.3　控制指令
> 第 5 章　PLC 的安装、检修和调试
> 　　5.1　PLC 的安装
> 　　5.2　PLC 的检修
> 　　5.3　PLC 的调试
> 总结

例 8-3：水上画廊设计（建筑学专业）

> 一、课题简介
> 二、研究现状
> 三、课题调研

四、设计理念与定位

五、设计过程

六、设计方案与说明

结束语

例 8-4：某市滨江景观规划设计（园林艺术专业）

前言

设计说明

平面分析图

分析图

剖立面图

鸟瞰图

局部效果

节点分析图（一）

节点分析图（二）

例 8-5：样板房室内装修工程设计（装潢专业）

一、项目概况

二、业主需求

三、设计依据

四、设计说明

五、材料说明

六、施工说明

以上几个专业的毕业设计报告结构，也许对你会有所启发。

8.3 毕业设计报告关键部分的写作

毕业设计的主体是设计方案,包括图样、软件、绘画等。毕业设计报告内容不多,需要用简要的语言对设计方案进行说明。其中关键部分有以下几方面。

(1)设计目的和意义。设计目的是指你的毕业设计项目完成后,希望达到什么目的。通常可以描述为:设计出一种产品、一个系统、一套软件、一套图样、一个解决方案等。例如,前述"三相异步电动机正反转电路的设计",其目的是设计出一套电路,该电路可以控制三相异步电动机正反转,能实际运行,技术上比较先进。

研究意义是指你的设计完成后,有什么技术、经济、管理、社会等方面的意义,意义也就是课题的研究价值所在。例如,某"移动机器人设计"项目的研究意义为:提高机器人的灵活性及智能,增强机器人运动安全性,提高机器人完成特定任务的能力,增强机器人的环境适应能力。

(2)关键技术问题。其是指本设计拟解决的关键技术问题,回答"做什么"。所谓关键技术,就是本毕业设计要攻克难度比较高、时间比较长的技术难题。有些设计不是解决技术问题,就不用写这一块。

(3)研究手段。研究手段就是你解决问题采用的手段,一般包括研究方法、技术路线、关键技术。研究方法是你设计中采用的方法,如实验法、对比分析法、仿真法等。技术路线是指你如何一步步从技术角度解决问题。这里的关键技术可能是你自己攻克的,也可能是引用别人成熟的技术。

(4)技术路线。技术路线就是对要达到研究目标准备采取的技术手段、具体步骤及解决关键性问题的方法等在内的研究途径,一般包括研究路线流程图和生产工艺流程图。某中成药开发的技术路线如图 8-1 所示。

(5)总体设计。总体设计是本项目的总体方案,需要结合需求来写,描述项目有哪些参与方、分为哪些功能模块、运行在什么平台,一般包括硬件、软件、系统等方面,用文字加图形的方式表示。

(6)详细设计。详细设计是指本项目各部分的具体设计,包括机械、电子、控制、编程、绘图、工艺开发等。这个部分通常提交图样、软件,在毕业设计报告中解释一下即可。

(7)实验验证。实验验证就是介绍你是如何进行实验验证的,如样品测试、

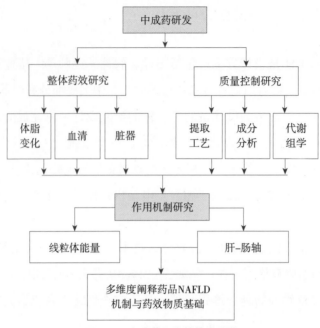

图 8-1　中成药开发的技术路线

计算机仿真、现场试用等。需要证明验证过程可靠，将验证结果作为附件放在报告后面。

（8）结论。结论是对整个研究工作进行归纳和总结，应包括所得结论与前人结论的比较、本课题尚存在的问题，以及进一步开展研究的建议。结论集中反映作者的研究成果，表达作者对所研究课题的见解，是全文的精髓，要高度概括、简短。

本章思考题

1. 毕业设计有哪些类型？针对的对象有哪些？
2. 如何估计毕业设计的难度和工作量？
3. 请结合你的毕业设计，列出论文结构。
4. 如何写好毕业设计说明？

第 9 章 专题研究型论文写作

🔍 **本章导读**

在人文社科、工程技术和管理专业，我们会发现关于个人、社会、生产过程、企事业单位某些方面的问题。针对其中某个问题开展的研究，就是专题研究。专题研究型论文是应用文的一种，应用范围很广，人文社科、工程技术、管理甚至理科专业，都可以写专题研究型论文。

9.1 专题研究的特点和过程

9.1.1 什么是专题研究

专题研究，就是围绕某一个专题而开展的研究。在人文社科、工程技术和管理专业，我们会发现关于个人、社会、生产过程、企事业单位政策、制度、技术、工艺、管理等方面的问题。针对其中某个问题开展的研究，就是专题研究。

下面这些问题，都可以作为专题研究的课题：

> 中小学生课外作业负担减轻的对策。
> 城市噪声污染调查及其控制政策。
> 进城务工人员权益保护问题。
> 近代诗歌风格变化趋势。

> 中国古代对抗瘟疫方法在抗击新冠中的应用。
>
> 方便面生产过程安全性保障对策。
>
> 海外投资风险管控。
>
> 农村结核病防治体系建设。
>
> ……

9.1.2 专题研究的特点

（1）体现一个"专"字。专题研究要突出"专深"，聚焦"专题"，而不应该"泛"。提倡"小题大做"或"小题深做"，切忌"大题小做"或"大题泛做"。

例如，进城务工人员作为生活在城市里的特殊群体，面临生活、工作、夫妻关系、子女教育等很多问题，涉及社会学、法律、城市管理、劳动保障等很多领域。如果以"进城务工人员问题"为研究主题，工作量很大，是不可能研究出结果的。我们就要把题目缩小，研究比如"进城务工人员子女教育问题"，甚至再小一点，研究"进城务工人员子女上学难问题"。

下列的题目作为论文研究的专题，显得过于宽泛，收集资料与写作难度较大，建议不要采用：

> 中国国有企业产权制度研究
>
> 西部开发历史研究
>
> 中国中小企业发展研究
>
> 中国电子商务问题研究
>
> 民营家族企业接班人问题研究
>
> 建设领域拖欠进城务工人员工资问题研究
>
> 现代物流业发展展望

（2）就事论理。在研究过程中就事论事，不要把面铺得太开。社会上、企业中的很多问题，都涉及方方面面，很难把所有的方面都考虑周到。比如，"进城务工人员子女上学难"问题，涉及户籍管理、教育政策、购房政策、教育资源公平性等方面，如果要体现"进城务工人员子女与城里孩子平等受教育"，实际上是不现实的。我们在研究的过程中，通过调查突出进城务工人员子女上学难在哪里，提出切实可行的解决方案，改善其上学困难问题。

（3）理论和实践相结合。通过调研了解实际问题，运用所学的某个理论做指导，提出解决问题的思路、方法、方案、措施与政策等，体现论文的实际意义。

（4）创新性。体现在调查研究的创新方法、资料分析处理创新过程、提出独立的创新见解。例如，很多企业信息化过程实施 ERP（企业资源计划）、ITIL（信息技术基础架构库）等系统，实施过程都大致相同。你就需要针对本单位的实际，在应用需求、实施目标、实施方法上提出针对性、创新性的解决方案，而不能平淡描述你的实施过程。

9.1.3 专题研究的过程

（1）确定研究问题。大学生选题，可以从生活或者亲朋好友的工作中发现问题、从机遇或灵感中发现问题、从阅读的文章或文献中发现问题。参见第2章，初步列出论文的题目。

（2）检索文献。通过查资料、查文献，看看别人是如何研究这个问题的，有哪些资料可以供本研究使用。把文献、资料收集起来，制作资料卡片备用。参见第3章。

（3）问题调查。围绕需要研究的问题，进行访谈或问卷调查，并对调查结果进行数据处理与分析。参见第3章。

（4）现状分析。现状分析就是描述现状。比如，"进城务工人员子女上学"，通过收集的资料、个案分析、调查，介绍进城务工人员子女是如何上学的。

（5）问题及其原因分析。问题分析就是在调查基础上，提炼出主要问题，还要进一步分析产生问题的原因。

（6）提出解决方案或对策建议。专题研究的最终目的是解决问题，因此在分析问题之后，就应该提出完整的解决方案或局部的对策建议。

9.2 专题研究型论文的论证逻辑

逻辑性是毕业论文中最关键的要素。专题研究型论文和其他类型的论文不同，有自己的论证逻辑。

9.2.1 专题研究型论文的核心逻辑

专题研究型论文强调解决实际问题,是问题驱动的。因此,发现问题、分析问题和解决问题是最核心的论证逻辑,如图9-1所示。

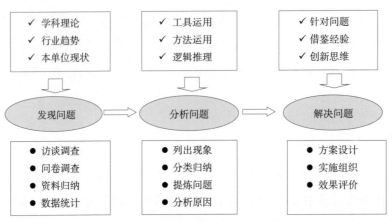

图 9-1 专题研究型论文的核心逻辑

发现问题,就是在纷繁复杂的现实中,通过调查找到问题。需要运用所在专业的理论指导、了解所在领域(如中小学教育)的发展趋势,对现状有全面的了解。然后通过访谈、问卷的方法发现各种各样的问题。

分析问题,就是对调查得到的资料,用"问题漏斗法"归纳出主要问题,并进行逻辑推理,发现产生问题的主要原因。这个过程中,需要运用分析工具(如Matlab)和归纳与演绎推理法。

解决问题,就是解决方案设计或对策提出。需要针对问题,借鉴国内外先进经验,创新思维。方案提出后,还要有实施保障。如果方案已经执行一段时间,要进行效果评估。

如果把"进城务工人员子女上学"问题的核心逻辑整理出来,可能就是表9-1的样子。

表9-1 "进城务工人员子女上学"问题的核心论证逻辑

问题	产生原因	对策	实施保障
● 无地方上学 ● 赞助费高昂 ● 上学路途远 ……	● 城市政策没有进城务工人员子女上学条款 ● 教学资源不足 ● 学校创收未制止	● 把进城务工人员子女上学纳入城市教育体系 ● 禁止收取高额赞助费 ● 在进城务工人员聚集地建学校	● 政府限期修订法规 ● 把进城务工人员子女上学纳入对教体局考核 ● 增加教育投资

从表9-1各栏的关键词，就可以初步判断这项专题研究是不是符合逻辑。

9.2.2 论文论证中经常出现的逻辑问题

很多同学只顾埋头写作，资料倒是不少，但是论证无力，主要问题有以下几方面。

（1）缺少必需的论证要素。理论分析、环境分析、现状描述、问题分析、方案制定、实施组织，总是丢三落四，关键内容缺乏。

（2）各章节之间缺乏逻辑联系。往往前面分析发现的问题，在后面制定方案和实施组织时，根本没有解决。

（3）具体内容单薄。问题分析只是罗列一些现象，缺乏归类和追根求源。方案不完整，不成体系。保障措施里没有必要的政策、人员、技术、经费等。这样的论文，就像盖房子，支柱、墙体、砖瓦都不全，看上去千疮百孔，不是可以接受的论文。

9.2.3 专题研究型论文的结构

专题研究类论文的研究过程，包括选择研究问题、检索相关文献、对问题展开调查、分析现状、分析问题及其产生的原因、提出解决方案或对策建议等。推荐采用6章的结构：

```
第1章  绪论
    1.1  研究背景、目的和意义
    1.2  国内外文献综述
    1.3  研究方法
    1.4  研究内容和文章结构
第2章  理论概述
    2.1  关键概念介绍
    2.2  国内外相关理论介绍
    2.3  相关领域的方法与分析工具
    2.4  先进经验借鉴
第3章  外部环境分析
```

　　　　3.1　外部一般环境分析
　　　　3.2　所在领域（行业）环境分析
　　　　3.3　所在领域（行业）发展趋势
　　第4章　现状和存在问题分析
　　　　4.1　现状介绍及分析
　　　　4.2　调查设计与实施
　　　　4.3　存在问题分析
　　　　4.4　产生问题的原因分析
　　　　4.5　改进的必要性
　　介绍该专题研究对象的现状，通过调查分析其存在的主要问题及其产生的原因，并论证改进的必要性。
　　第5章　解决方案设计（或对策的提出）
　　　　5.1　目标与整体思路
　　　　5.2　局部方案1
　　　　5.3　局部方案2
　　　　5.4　局部方案3
　　　　5.5　配套方案
　　针对问题及其产生的原因，设计针对性、系统性、可行性的解决方案。此部分应该作为论文的重点。
　　第6章　方案的实施保障
　　　　6.1　实施计划
　　　　6.2　保障措施
　　　　6.3　风险分析与应对
　　　　6.4　实施效果
　　结束语

　　上例中的3.1、3.2节，需要对外部的经济、社会环境进行分析，便于读者理解问题产生的社会背景。这个部分对于管理类专题研究是必需的。对人文社科类专题研究，可能要站在社会学角度分析外部环境。

　　关于主要内容的写法，将在9.3节介绍。

9.3 专题研究型论文的写作关键

第 1 章、第 2 章的写法，请见第 12 章。这里只介绍环境分析、现状与问题分析、解决方案及其实施保障部分的写作关键。

9.3.1 外部环境分析部分的写法

所谓外部，是指某企业（单位）之外或者某事件之外的部分。

1. 外部一般环境

外部一般环境是在一定时空内存在于社会中的各类组织均面临的环境，通常称为大环境。PEST 分析法是一个常用的外部一般环境分析工具，它通过四个方面的因素分析从总体上把握宏观环境，并评价这些因素对企业战略目标和战略制定的影响。

（1）P。即 politics，政治要素，是指对组织经营活动具有实际与潜在影响的政治力量和有关的法律、法规等因素。当政治制度与体制、政府对组织所经营业务的态度发生变化时，当政府发布对企业经营具有约束力的法律、法规时，企业的经营战略必须随之作出调整。例如，2023 年 3 月 2 日，国务院办公厅印发《中医药振兴发展重大工程实施方案》，这项法规将促进中医药产业的发展。

（2）E。即 economic，经济要素，是指一个国家的经济制度、经济结构、产业布局、资源状况、经济发展水平以及未来的经济走势等。构成经济环境的关键要素包括 GDP 的变化发展趋势、利率水平、通货膨胀程度及趋势、失业率、居民可支配收入水平、汇率水平等。例如，国际金融危机、通货膨胀等，对企业经营有不利影响。

（3）S。即 society，社会要素，是指组织所在社会中成员的民族特征、文化传统、价值观念、宗教信仰、教育水平以及风俗习惯等因素。构成社会环境的要素包括人口规模、年龄结构、种族结构、收入分布、消费结构和水平、人口流动性等。其中人口规模直接影响着一个国家或地区市场的容量，年龄结构则决定消费品的种类及推广方式。

（4）T。即 technology，技术要素。技术要素不仅包括那些引起革命性变化的发明，还包括与企业生产有关的新技术、新工艺、新材料的出现和发展趋势以及应用前景。例如，平板电视技术的突破、成本的大幅度下降，会对传统的显像管电视生产企业造成很大冲击。

许多论文中关于这四个方面的分析多是一般性的理论介绍，并没有具体到对本企业所面临的环境进行分析。在运用PEST分析工具时，应该分析涉及企业相关的政治、经济、社会和技术因素，而不是对企业所处行业大环境进行泛泛总结。

外部一般环境分析之后，要简要总结外部一般环境对企业的影响：哪些是有利的，哪些是不利的。这样可以为后续研究提供环境信息。

2. 区域环境

首先要确定论文涉及哪个区域，如长三角、安徽省、合肥市、水西门社区等，然后针对该区域的人文、地理、经济、历史等进行比较全面、透彻的分析。分析的范围，主要是论文涉及的，如研究旅游问题，就要介绍当地的区位优势、历史文化、旅游景点资源、交通设施等。不要盲目介绍不相关的内容。

3. 行业分析

根据美国学者波特的理论，行业环境分析主要包括行业概况、行业竞争结构、行业内战略群分析、竞争对手分析等内容。分析目的是明确整个行业历史、现状以及未来的发展趋势，企业在所处行业中的位置。

行业概况包括行业的定义、行业的发展历史、现状（总规模、企业数、总体盈利状况等）、未来的发展趋势等，应该用相应的数据说明。比如论述家电行业，则给出家电年产量的时间序列表、每户使用家电的数量、种类等图表。例如，2016—2021年中国新能源汽车保有量如图9-2所示。

图9-2　2016—2021年中国新能源汽车保有量
资料来源：智研咨询（www.chyxx.com）。

行业竞争结构分析一般采用波特五力模型，分析竞争对手、供应商、买方、替代品生产商和潜在入侵者五方面的综合作用力，如图9-3所示。

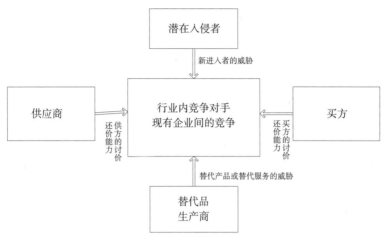

图 9-3　行业竞争五力模型

行业内战略群，又译为战略集团，属于次行业范畴，指某一行业内在某些战略特征方面相同或相似公司的集合。例如，电冰箱行业可以按规模和品牌，分为第一、第二、第三集团。在论文中应该选择合适的变量绘制战略群分布图，以明确论文所涉及企业在战略群中的位置。

竞争对手分析，一般要介绍竞争对手的发展历史、概况、主要经营指标、主要做法（在论文研究的领域）、竞争地位和优劣势。最好在若干竞争对手介绍之后，用图表比较本企业和竞争对手的一些主要指标，以便判断双方的优劣势，为论文后面采取对策提供依据。

4. 市场环境

市场是指买卖商品的场所，把货物的买主和卖主正式组织在一起进行交易的地方。因此，市场环境分析，就是要分析四类买主的需求（消费者市场、工业品市场、政府市场和海外市场），目前的交易状况与趋势（如市场规模、交易形式、增长趋势等）。

5. 消费者需求

消费者需求是指消费者对以商品和劳务形式存在的消费品的需求与欲望。要分析消费者需求量、消费者收入、消费结构、消费者行为（包括消费者为什么购买、购买什么、购买数量、购买频率、购买时间、购买方式、购买习惯、购买偏好和购买后的评价等)。

6. 其他环境

其他环境,如政策环境、学术环境、营商环境等,可以根据研究的需要,做好环境分析工作。

9.3.2 现状与问题部分的写法

1. 问题调查

围绕需要研究的问题,进行访谈或问卷调查,并对调查结果进行数据处理与分析。参见第3章。

2. 现状分析

现状分析就是描述现状。比如,"进城务工人员子女上学",通过收集的资料、个案分析、调查,介绍现在进城务工人员子女是如何上学的。注意这个部分是介绍"现状",要用客观、平实的语言和丰富的资料来"白描",不要写问题(后面专门有问题分析),不要发感慨。

> 进城务工人员子女上学目前有三种途径。
>
> 借读。借读就是把学籍放在老家的学校,在城里学校交赞助费借读(后面可以用数据、事例说明如何借读)。
>
> 赞助入学。缴纳高额的赞助费进入城里学校上学,例如,××小学赞助费××万元,××初中赞助费××万元。即使你愿意交赞助费,还需要找亲朋好友引荐。
>
> 就近入学。位于郊区的小学往往比较宽松,允许进城务工人员子女就近入学。
>
> 据××市××区不完全统计,借读、赞助入学、就近入学的进城务工人员子女的比例,分别为××%、××%、××%。
>
> 总的来说(一段总结文字)……

3. 问题及其原因分析

问题分析就是在调查基础上,提炼出主要问题。调查过程获得资料和数据很多,可能比较乱,甚至有些访谈对象的说法还是相互抵触的。因此,需要采用一定的手段整理、发现问题。建议采用"问题漏斗法"。

首先，列出通过调查得到的各种不好的现象。

其次，对这些不好的现象进行归类。比如，进城务工人员子女上学问题，可以归为能上的学校问题、学费问题、上学距离问题、歧视问题等。按照问题的严重性排列。

最后，分析产生问题的原因。需要站在政府管理的角度分析，可以从城乡教育政策、城市教育资源、学校办学动机等方面分析为什么会产生上面的问题。需要注意的是，问题和原因不是一一对应关系，可以是一对多或多对多的关系。

9.3.3 解决方案部分的写法

专题研究的最终目的是希望解决问题，因此在分析问题之后，就应该提出解决问题的办法。解决办法有三个层次。

建议：就是给有关部门提出若干建议。这是最弱的解决办法，因为你的建议别人听不听、能不能得到落实，很难说。

对策：就是提出针对性的策略或者应对策略（对策）。比如针对进城务工人员子女上学难问题，为政府、教育主管部门、学校等支招。对策比建议强，但会存在"头痛医头，脚痛医脚"的问题。

解决方案：就是针对涉及问题的各方（政府、教育主管部门、学校、学生家长等），提出一揽子解决问题的计划，以求能让问题得到彻底解决。这比对策或建议强得多。

什么样的解决方案才是好方案呢？

（1）针对性。也就是能解决前面的问题及其产生的原因，而不是左言他顾。

（2）科学性。符合教育规律、符合国家法律、符合人性诉求。

（3）系统性。也就是解决方案或对策建议提出的内容，应围绕进城务工人员子女上学这个主题，相互作用，整体解决。

（4）可行性。解决方案或对策建议，从政策、经济、技术等方面，应该是可以执行的。

例如，针对快递包装物环境污染问题，某论文提出了如下解决方案：

1. 为快递包装物制定国家强制标准

> 2. 禁止使用有污染的包装物
> 3. 开发可以循环使用的包装器具
> 4. 开发可以自动降解的包装材料
> 5. 对使用污染包装物的企业加大处罚
> 6. 奖励快递包装物回收利用

通过上述措施，污染包装物的污染问题有望缓解或得到解决。

提出解决方案之后，还需要写一段"方案的实施保障"，进一步提出为了能保障方案的实施，要做哪些工作。其具体内容有以下几方面。

（1）实施计划。把方案的各项内容，列出实施时间（进度计划）、地点、责任部门或责任人。可以列表，也可以将进度计划用甘特图等形式表示。有些重点、难点工作，要专门分析、安排计划。

（2）保障措施。要完成方案中的工作，如"开发可以自动降解的包装材料"，需要投入资金、有专业人才。保障措施，一般有制度保障、资金保障、技术保障、人才保障、信息化保障等，可以根据需要提出保障措施。

（3）风险分析与应对。有些工作是有风险的。比如，你研究农民增收问题，提出了"大面积种植经济作物"的方案，看上去很好。但是作物种植，存在气候、旱涝灾害、市场价格波动等风险。因此，要识别风险（"种植经济作物"有哪些风险）、评估风险（每个风险会造成多大损失）、风险应对（提出买保险、兴修水利等应对风险的方案）。

（4）实施效果。如果方案已经实施并取得了成果，可以最后写实施效果；如果方案还没有实施，自然不用写。

本章思考题

1. 专题研究的特点是什么？如何体现"专"字？
2. 你所在专业有专题研究吗？如果有，请上网找出几篇专题研究的学位论文，分析别人的写法。
3. 画出你所写的专题研究论文的逻辑图。
4. 你准备如何开展专题研究？

第 10 章 调查报告与实践报告写作

本章导读

有些学校鼓励学生参加"三下乡"等社会实践活动,深入工厂、农村、革命老区、贫困地区调查研究,从而培养学生爱国、爱人民的情怀和艰苦奋斗的精神,丰富学生的社会知识,锻炼学生理论联系实际的能力。以此为背景,撰写调查报告或实践报告作为毕业论文。本章介绍撰写调查报告和实践报告的要点。

10.1 调查报告写作概要

第 3 章已经介绍了如何做调查,这里不做赘述。本节介绍如何将调查的内容写成调查报告。

10.1.1 调查资料的整理

获取资料的渠道有多种。

(1)网络。通过网络,可以了解被调查对象的基本情况、国家有关政策、别人已经做过的类似调查、调查主题相关的文献等。这些资料,可以让我们对问题有初步的认识。

(2)访谈。通过访谈可以收集定性的信息。由于访谈是面对面的,可以通过交流深入了解事情的真相，获取其他渠道不能获得的信息。

（3）问卷。发放大量问卷，可以获得更大范围的信息，让我们对事物的了解更全面。

这些信息可能比较凌乱，需要进行整理。整理资料时要注意三个问题。

第一，资料的目的性。调查是为了了解实际发生了什么。这些资料应该能合理解释调查对象的发生过程。

第二，客观性。调查结果可能和我们当初的感觉不一致甚至相反。要认真检查调查过程是否严密、通过资料得出的结论是否真实。如果调查过程没有问题，就应该尊重调查结果，而不是为了证明自己正确而对调查资料断章取义。

第三，完整性。调查资料要能完整地说明问题，不能遗漏重要环节。如有遗漏，要及时补救。

例如，针对进城务工人员子女上学问题，我们需要调查学生家长、学校领导、教育部门官员、政府部门领导。这些对象其实还不够，还需要调查学生所在学校的班主任、校领导、居委会领导、小区居民等，让学生家长和其他人员的说法相互印证。

资料整理之后，形成两类信息。

（1）数据表。有些是直接取得的数据表，如某个学校的进城务工人员子女数、全校学生人数等，可以据此计算进城务工人员子女占比。有些是根据访谈、问卷调查统计的，如对"进城务工人员子女应该和城市儿童享受同样受教育的权利"这个问题，反馈"同意""不同意"的各有多少人、占比如何。当然，我们还可以把数据表转换成图形，更加直观地展示调查结果。

（2）资料卡片。对于调查获得的事例、案例、讲话记录、文件摘要等，可以做成资料卡片，分类存放，用于后期调查报告写作。当然，现在的资料卡片可以是电子版的，不一定非要做成纸质卡片。

10.1.2　调查报告的要求

调查报告是对某项工作、某个事件、某个问题，经过深入细致的调查后，将调查中收集到的材料加以系统整理，分析研究，以书面形式撰写的文章。一般需要体现写实性、针对性和逻辑性。

（1）写实性。用写实的手法、叙述性的语言，实事求是地反映某一客观事物，不掺杂个人观点。所有的结论都来源于调查所获得的事实和历史资料。因此，需要在调查过程中充分了解实情，全面掌握真实可靠的素材。

（2）针对性。调查报告一般有比较明确的意向，相关的调查取证都是针对和围绕某一综合性或是专题性问题展开的。所以，调查报告反映的问题集中，分析有深度。

（3）逻辑性。各部分之间具有良好的逻辑关系。以确凿的事实为基础，对核实无误的数据和事实进行严密的逻辑论证，探明事物发展变化的原因，得出科学的结论，提示本质性和规律性的东西，不是材料的机械堆砌。

10.1.3 调查报告的结构

按照调查的目的和调查报告的要求，建议调查报告采用如下结构。

第1章 调查背景与目的
    1.1 调查背景
    1.2 调查目的
第2章 调查设计
    2.1 前期资料收集
    2.2 调查方法选择
    2.3 调查对象与调查范围
    2.4 访谈提纲与调查表设计
第3章 调查实施过程
    3.1 访谈调查
    3.2 问卷发放与回收
    3.3 数据处理
    3.4 样本分析
第4章 调查结论与对策建议
    4.1 调查得到的主要结论
    4.2 对策建议
结束语

以上是一个通用的结构。这里补充三点说明：①具体的调查主题，可以在部分章节标题中体现。②如果学校要求按照论文的方式来写，则在前面加上第 1 章绪论、第 2 章理论概述，将目前的第 1、2 章合并成第 3 章。还需要在数据处理阶段，增加数据检验。③可以根据需要对上述结构进行适当调整。

10.1.4 调查报告主要内容的写法

1. 调查背景

调查背景就是为什么要做这个调查，可以参考 12.2 节中的"研究背景"。调查研究和学术研究不同，不需要介绍理论背景。要围绕事情本身，论证调查的必要性。例如，"90 后"大量进入职场，社会上有很多负面的评价，但实际情况如何，我们准备做一个"'90 后'就业倾向"调查。这个调查的背景主要有：①"90 后"大量进入职场，可以用统计数据和分析甚至图表展示。②企业招工难，还是用数据加分析。③社会上对"90 后"就业有很多负面的评价，如"怕吃苦""裸辞""躺平""不服管"等，可以引用报纸杂志文章、别人的调查等。④自己身边不少表现优秀的"90 后"，似乎情况不是如此，网络宣传和实际有很大矛盾。因此，做一个"'90 后'就业倾向"调查，反映真实情况，为"90 后"正名，供招聘单位调整用工方式等，都很有必要。

2. 前期资料收集

在开始设计调查之前，通过统计局网站等收集"90 后"历年的人数、教育水平等。通过网络收集相关媒体报道，做个案分析。找从事招聘工作的朋友聊聊他们的感受。找认识的"90 后"交流，如此可以获得关于"90 后"就业的基本情况。将这些数据、资料分类做成卡片备用。

3. 调查方法选择

调查方法有多种，各有利弊。要分析我们希望通过调查得到什么。比如，我们希望得到"就业倾向"的信息，希望收集尽可能多的数据，问卷调查最好。但是，问卷的数据可靠性不一定高，需要通过比如访谈的方式来印证。因此，调查方法就选问卷和访谈两种。

4. 调查对象与调查范围

主要的调查对象是"90 后"年轻人，因为要了解他们的"就业倾向"，辅助调查对象包括大学分管分配的老师（找工作的倾向）、企业招聘主管（求职倾向）、企业管理人员（工作过程中的倾向）等。调查范围可以是本市、本省或者全国，需要和前面收集的数据有一定的呼应。

5. 访谈调查

访谈之前要有访谈提纲，针对不同的访谈对象，提纲是不同的。访谈之后获得的信息，是比较凌乱的文本信息，需要整理归类，形成数据表或者个案卡片。

在撰写访谈调查时，首先介绍调查对象、实际人数等样本信息（通常要列表）。然后介绍结构性问题的统计，如针对"你认为'90后'就业更倾向于哪些因素"，可能有高工资、高福利、工作轻松、不用加班等回答，需要统计每个关键词的频度。最后，进行综合分析，通过访谈调查得到了哪些结论。

6. 问卷发放、回收与数据处理

对于问卷调查：① 介绍问卷发放的方式、数量和回收情况，有效问卷数量。②描述样本信息（男女比例、年龄结构、学历分布、岗位分布、企业类型等）。③介绍数据处理工具（如 Matlab）及处理过程，必要的信度、效度检验。

7. 调查结论

根据前期收集的资料、访谈结论和问卷调查数据处理的结果，列出本调查得到哪些主要结论。这些结论既有普遍性的（全体"90后"都倾向如此），也有分类的（如本科毕业的"90后"更倾向、女性更倾向、来自农村的更倾向等）。这些结论都应该基于调查的客观归纳，不能臆造。

8. 对策建议

根据调查结论，提出对策建议，可能包括：① 针对社会，发表公正的调查结果，纠正社会偏见，为"90后"正名。②针对企业招聘"90后"员工提出对策建议，希望企业根据"90后"就业倾向，设置更加灵活的岗位、提供宽带服务、提供个性化关怀等。③对于"90后"群体提出建议，希望他们正确认识社会，适当调整自己的需求，尽快融入企业和社会。④对政府部门提出建议，为"90后""00后"进入职场提供更多的服务。

最终希望"90后"能找到理想工作、希望企业能招聘到更多的员工，降低失业率、促进经济社会发展。

10.2 社会实践报告写作概要

社会实践报告，也称实习报告、某某实习报告（"某某"是指实习地点、对象等，如工厂、医院、志愿服务等）。社会实践是很多职业技术学院、专科学校对学生毕业考核的重要环节。学生参加实践（实习）活动之后撰写的报告，就是社会实践报告（实习报告）。

10.2.1 大学生有哪些社会实践活动

1. 为什么要开展大学生社会实践活动

大学是大部分年轻人学习的最后一站，是学生从学校走向社会的桥头堡。长期以来，大学教育注重书本知识而脱离社会实际，往往出现"高分低能"现象，培养的学生工作以后不适应企业和社会的需求，对于学生和用人单位都很不利。因此，这些年国家非常重视学生的能力培养，要求学生在大学期间以多种形式进入社会、了解社会。社会实践活动成为各大学积极推进的项目。学校为学生联系实践对象、安排指导老师、组织实践队伍、提供实践经费、组织社会实践成果大赛，社会实践活动取得了很好的效果。有的学校要求学生以活动为基础，撰写社会实践报告（调查报告、实习报告、实践报告等），作为毕业考核的内容。

大学生社会实践是在校大学生利用课余时间步入社会，接触、了解社会的活动。活动可以让学生感受社会进步，发现社会上存在的问题，引发思考并尝试解决，培养深入实际、吃苦耐劳的精神，提高个人沟通、组织、调查、写作等多方面的能力，以便将来为社会作出贡献。社会实践活动是很多大学生的必修课程。

2. 大学生社会实践活动的类型

大学生实践活动一般包括革命传统教育、"三下乡"、走进企业、志愿者服务、勤工俭学五大类。

革命传统教育类实践活动包括参观红色景点、走访革命前辈、祭扫烈士陵园等活动。革命传统教育可以增强学生的爱国情感，培养学生正确的思想政治观念。

"三下乡"活动是指文化、科技、卫生"三下乡"。学生到贫困地区和农村的文化、科教、卫生基地，深入田间地头进行实地参观、考察、实践。通过近距离地感受社情民情，可以了解农民疾苦，激发学生振兴中华的热情。

走进企业活动是指大学生深入企业，了解企业的生产经营过程，学习技术、管理等知识，分析实际中的管理问题，发现学校学习的知识与实际的不同。通过走进企业活动，激发大学生的学习热情，让大学生理论联系实际。

志愿者服务是指学生以志愿者的身份参与的实践活动，活动无报酬，可能会给学生发一点生活补助。通过参加志愿活动，学生可以在助人为乐的同时，感受社会风貌，了解弱势群体的困难，从心灵上得到启迪。

勤工俭学类实践活动是指大学生利用课余时间打工，获得一定的报酬，这对家庭困难的同学很有帮助。20世纪初，周恩来、蔡和森、邓小平等一大批中国学生到欧洲勤工俭学，接触到共产主义的真理，回国后带领人民闹革命，推翻了"三座大山"，建立了新中国。勤工俭学不仅可以获得经济报酬，还能让学生在人际交往、沟通、商业等能力方面得到锻炼，为日后的工作积累经验和资源。

除上述五种活动之外，还有各种社团活动、竞赛活动等，让学生发挥兴趣爱好、提升职业规划能力、获得竞赛奖励等。

10.2.2 社会实践报告的结构

并不是每项社会实践活动都可以写社会实践报告。一般来说，有明确主题、一次性、持续一定时间（如一星期以上）、有一定深度的活动，才适合写毕业社会实践报告。

虽然每次活动都是独特的，但总是带着目的、活动开始前有计划、实施过程有组织、结束之后要总结。作为毕业报告，不能只是按照活动发生的次序记流水账，而应该体现一定的研究性、学术性。

按照所愿、所行、所见、所思的逻辑，建议《社会实践报告》采用如下结构。

> 标题：六盘水乡村振兴走访活动实践报告（示例）
> 封面
> 摘要
> 目录
> 一、活动背景与目的
> 介绍活动背景，明确活动目的，突出"所愿"。
> 二、活动计划

> 参与人员、活动组织、行程计划、主要活动内容等。
> 三、活动实施过程
> 描述在活动过程中，做了哪些事、遇到什么人。突出"所行、所见"。
> 四、活动收获
> 分别从精神、实践、知识、能力等方面，总结通过活动得到的收获。突出"所思"。
> 结束语
> 参考文献
> 致谢

以上是一个通用的结构。具体的活动主题，可以在部分章节标题中体现，每个部分如果内容较多，可以分节列小标题。可以根据需要对上述结构进行适当调整。

10.2.3 社会实践报告主要部分的写法

1. 活动背景与目的

活动背景是指为什么要开展这次社会实践活动。可以从学校要求、活动地特性、活动意义等方面来写。比如，某校大学生六盘水乡村振兴走访活动，可以从我国贫困状况、学校与六盘水对口乡村振兴进展、本次活动对大学生的意义等方面来写。

活动目的是指这次活动希望达到什么目的。还是上述例子，可能的目的是：帮助学校了解乡村振兴成果、锻炼大学生接触实际的能力等。

2. 活动计划

严密的计划可以保证活动的成功。出发之前，要和沿途有关部门联系确定行程，查阅或索取资料，以便明确各项活动如何开展。计划的内容包括以下几方面。

（1）人员组织。领队、参与人员、职责分工。

（2）行程计划。按时间进度安排，包含从学校乘坐什么交通工具出发、开展的各项活动，直到返回学校的整个过程，住宿、就餐都要考虑到，一般以表格的形式列出。中间可能会有少量时间机动。

（3）主要活动内容。比如走访乡村振兴办、走访村镇、走访农户、查看现场等。要分别设计调研或访谈提纲，标明问题点，使走访工作获得最大的收获。

3. 活动实施过程

描述在活动过程中，具体开展了哪些活动、访谈了什么人、遇到什么事。可以用文字叙述、表格、案例等形式展现"所行、所见"。

4. 活动收获

社会实践活动可能收获很多，需要按照一定的逻辑组织，可以围绕活动目的来写。例如，六盘水乡村振兴走访活动有两个目的：帮助学校了解乡村振兴成果、锻炼大学生接触实际的能力。活动收获可以分为两个方面。

（1）学校的乡村振兴活动取得了满意的成果。这一部分相当于"学校对口六盘水乡村振兴"的调查报告，要全面反映学校乡村振兴的指导思想、组织、做法、主要措施、取得的成效等。

（2）大学生从社会实践活动中获得的收获。可以分别从精神、实践、知识、能力等方面，总结通过活动获得的收获，突出"所思"。如果有多项收获，注意这些收获之间的逻辑关系，用"金字塔原理"描述收获，见 11.1 节。

5. 结束语

用简明的语言概括整个社会实践活动及其取得的成果，结束全文。

一些参考资料、文章等，可以在参考文献中列出。还要对大学学习期间老师们、同学们的帮助，以及这次活动相关部门或个人的帮助表达感谢之意。

本章思考题

1. 调查报告中的"调查"，包括哪些内容？
2. 结合你的实际，列出调查报告的提纲，并分析其写作关键。
3. 社会实践报告有哪些类型？每种类型适合哪种实践？
4. 结合你的实际，列出社会实践报告的提纲，并分析其写作关键。

下篇：写作与规范

论文是由文字组成的，文字就像房子的一砖一瓦。提高逻辑性、用准确的文字表述，论文才完整。同时，学位论文有很多规范化的要求，需要同学们认真遵守。

　　希望同学们通过本篇的学习，写出来的论文条理清楚、言之有据，符合论文学术规范性要求，并能准备好答辩。

第 11 章　论文写作的五大技巧

🔍 **本章导读**

论文是由章、节、段落、文字组成的，如同一棵大树，论点是"树根"，结构是"树枝"，文字就是一片片的"树叶"。每一个树枝、每一片树叶长得好，大树才有生命力。

本章从主题清晰、逻辑性、概念树、金字塔原理、文字精练五个方面，介绍写作的技巧。前三个是让枝干更强壮，后两个是让树叶更丰满。

11.1　让论文主题清晰

每篇毕业论文都有而且只能有一个主题，研究一组变量关系。这就要求作者在理论介绍、现状分析、问题发现、解决方案设计等过程中，紧扣主题。而很多同学往往不重视，导致主题不突出。

按照"百度汉语"的解释，所谓主题，也叫主题思想，最初是指文艺作品中通过具体的艺术形象表现出来的基本思想，它是文艺作品内容的核心。题材的选择，人物的塑造，情节、结构的安排，语言的锤炼，都应服从表达主题的需要。延伸的含义是，泛指谈话、会议、文章等的核心内容。

毕业论文的主题，就是论文的核心思想。应围绕主题，组织文章各部分的内容。一篇文章洋洋洒洒几万字，如果主题不清晰，就不是好文章。

举例来说，很多概念之间有涵盖、并列等关系，因此，提炼论文主题时，一定要甄别概念的内涵和它们之间的关系，否则很容易导致论文主题不突出。下面举一个管理学论文主题的例子。

> 小王是企业制造部部长，负责企业生产相关的管理，包括生产计划、采购、进度、质量等，其中质量管理问题较多，其他方面并不严重。小王聚焦质量管理来写论文，但是经过分析，发现产生质量问题的原因很多，除了质量管理方面的问题（如质量体系、检测方法等）之外，还有供应商管理问题，偶尔也有采购过程问题、计划不合理问题等。在小王看来，要解决质量问题，仅仅写质量管理是不够的，需要拓展到生产管理各个方面。因此他准备将主题改为生产管理。

质量管理的目标是尽可能提高产品质量，而生产管理的目标是高效、低耗地生产出产品。小王首先需要判断，他的出发点是质量管理目标还是生产管理目标。如果他的出发点只是改进质量，那就不要把生产管理作为主题。另外，如果把生产管理作为主题，研究的着眼点不同、工作量也不同，就需要对选题进行重新评估。

确定主题之后，开题报告、论文的各个部分都需要紧密围绕这个主题来写。关于开题报告各部分的写法，第 3 章已有介绍。在研究背景、文献回顾、研究方法、论文结构等方面，都要突出主题。

如何在论文结构上突出主题呢？下面举例介绍。为节省篇幅，简化了大部分三级目录。

> 题目：合肥美菱公司供应商管理优化研究
> 第 1 章　绪论
> 　　1.1　选题背景及研究目的
> 　　1.2　国内外供应商管理研究动态
> 　　1.3　研究方法、内容与技术路线
> 第 2 章　供应商管理的相关理论
> 　　2.1　供应商的选择
> 　　2.2　供应商的绩效考评

  2.3 供应商关系管理

第 3 章 合肥美菱公司供应商管理现状及存在问题

  3.1 公司概况

  3.2 供应商管理现状

  3.3 供应商管理存在问题

  3.4 供应商管理问题的根源分析

第 4 章 合肥美菱公司供应商选择与评价

  4.1 供应商选择评价原则、程序和内容

  4.2 供应商评价方法选择

  4.3 供应商评价指标体系

  4.4 建立供应商分级评价管理制度

第 5 章 合肥美菱公司供应商管理方案重构

  5.1 供应商分类管理

  5.2 供应商管理方案重构

  5.3 供应商管理优化方案的实施

结语

  上面的提纲，每一章都围绕供应商管理来写，很多节都是从不同侧面写供应商管理问题，主题很突出。再看下面有问题的例子：

题目：H 车辆检测公司网络营销研究

第 1 章 绪论

  1.1 选题背景

  1.2 研究的目的与意义

  1.3 国内外研究现状

  1.4 研究方法和研究内容

第 2 章 相关理论研究概论

  2.1 营销相关理论

  2.2 网络营销的方式简述

  2.3 PEST 和 SWOT 分析法的基本概念

> 第 3 章　H 公司营销现状与情况分析
>   3.1　H 公司发展战略
>   3.2　H 公司营销现状
>   3.3　H 公司网络营销存在的问题及分析
> 第 4 章　网络营销方案的可行性分析
>   4.1　营销环境的 PEST 分析
>   4.2　开展网络营销的 SWOT 分析
>   4.3　可行性调查与分析
> 第 5 章　相关网络营销方案的应用
>   5.1　开展网络营销的策略选择
>   5.2　H 公司网络营销的具体方案
> 第 6 章　保障措施与预期成效
>   6.1　保障措施
>   6.2　预期成效
> 第 7 章　结论与展望

上面这篇论文的提纲，问题很多。就论文主题来说，标题中很明确是"网络营销"，第 1 章看不出来有什么问题。第 2 章中的 2.3 节介绍的是分析工具，和网络营销关系不大。第 3 章介绍的是营销现状，没有介绍"网络"营销现状。第 4 章之前没有见到方案，怎么能分析方案的可行性？第 5 章同样不知道方案是什么。因此从提纲上来看，这篇论文主题不突出。

上面只是举了两个管理类论文的例子。其他专业论文一样要求主题突出，在各章节中都能见到主题的存在。

11.2　让论证过程符合逻辑

毕业论文有多种类型，如定性、定量等。无论哪种类型，无论什么文体，都需要"论"，因此论证过程的逻辑性非常重要。论文的逻辑性体现在以下几个方面。

1. 论文是一组逻辑关系

从研究背景、问题提出、方法选择、资料收集（文献和调查）、论证（推理、实验）到最终得出结论，各部分之间存在环环相扣的逻辑关系。如果某个部分不和前后部分契合，逻辑的链条就断了，自然就缺乏逻辑。这就需要同学们梳理论证逻辑，按11.3节的概念树分析逻辑关系。

2. 抓住论证三要素

论证是用某些理由去支持或反驳某个观点的过程或语言形式。通常由论点、论据和论证方式构成，称为论证三要素。

论点即论证者所主张并且要在论证过程中加以证明的观点。论点作为结论性的观点，会偏向于主观性。论点通常由一些总结词（由此、可以推测、认为、从而……）引导出来，大多数情况位于尾句。

论据是论证者用来支持或反驳某个论点的理由，既可以是某些公认的理论，也可以是某个事实或实验调查的结果。所以论据一般偏向于客观。

论证方式是论据和论点之间的联系，也就是如何用论据来论证论点的。一般是隐含的。

毕业论文需要清晰表达三要素，让读者清晰地看出你的论证逻辑。

3. 论文要符合逻辑基本规律

逻辑学是进行推理和论证的科学。需要符合四条不证自明的规律（四规律）。

（1）同一律。就是保持概念的一致性。论文中使用的概念，从开始到结束，应该是一个定义。比如，"城市"这个概念，从范围来说，包括城区，也可能包括周边的县区。你研究城市问题，就要在开始定义你的论文中"城市"的范围，然后将这个定义贯穿全文。

（2）矛盾律。就是保持思维的一致性，要求在同一思维过程中，对同一对象不能同时作出两个矛盾的判断，即不能既肯定它又否定它。有篇论文前面说公司发展形势大好，后面给出的数据是销售额连年下滑，这就违反了矛盾律。

（3）排中律。就是保持思维的明确性，不存在中间状态，指在同一个思维过程中，两种思想不能同假，其中必有一真，即"要么A，要么非A"。

（4）充足理由律。就是必须给出理由，理由必须真实，理由必须有论点支撑。给出的理由，要有经得起推敲的事例、数据支撑，还要有推理。

同学们要对照上述四个定律认真检查论文，满足逻辑的基本要求。

4. 论证方法要符合逻辑

常见的论证方法有举例论证、道理论证、对比论证、比喻论证、引用论证等。

（1）举例论证。列举确凿、充分、有代表性的事例证明论点。

（2）道理论证。用经典著作中的结论、名言警句、人们公认的定理公式等来证明论点。

（3）对比论证。拿正反两方面的论点或论据做对比，在对比中证明论点。

（4）比喻论证。用人们熟知的事物做比喻来证明论点。此外，在驳论中，往往还采用"以子之矛，攻子之盾"的批驳方法和"归谬法"。

（5）引用论证。引用名人名言、格言警句、权威数据、名人佚事、笑话趣闻等，证明自己的观点。

严格来说，上述常用的论证方法，都不是很严密，有时候能找到反例，要谨慎使用。论文中可以在不同部分采用不同的论证方法，但无论用哪种方法，都要符合逻辑。

11.3　画出论文概念树

1. 毕业论文的概念树

论文的论证过程就是一组逻辑关系，这个关系，存在于研究背景、问题提出、方法选择、资料收集、论证到得到最终结论的各个环节。每个环节都由若干层次的概念（事实、观点、问题、对策等）组成，如果把这些概念在一张纸上用树状结构列出来，就是论文的概念树。某论文"进城务工人员子女上学问题研究"，其简化的概念树如图11-1所示。

图11-1浓缩了论文各部分的主要依据、事实、问题、观点和建议，各部分之间有较强的内在联系，是环环相扣的。如果能把你的论文提炼出这样一张图，相信对于论文脉络的总体把握大有好处。其实，你在写各部分的时候，就可以画出那个部分的概念树，通过概念树梳理本部分内容的逻辑性。

如果论文各部分散乱、每个部分不能提炼出若干概念、概念之间没有逻辑关系，那就要先下功夫厘清逻辑，再往下写论文。

2. 章节与段落的衔接

论文的章节和段落是需要环环相扣的，需要顺畅的衔接，否则，论文读起来会给人一种杂乱的感觉。这就要求章节和段落之间有一根无形的线连接着，给人一种表断而里不断的印象，每个章节、每个段落之间自然而然形成一个统一的整体。

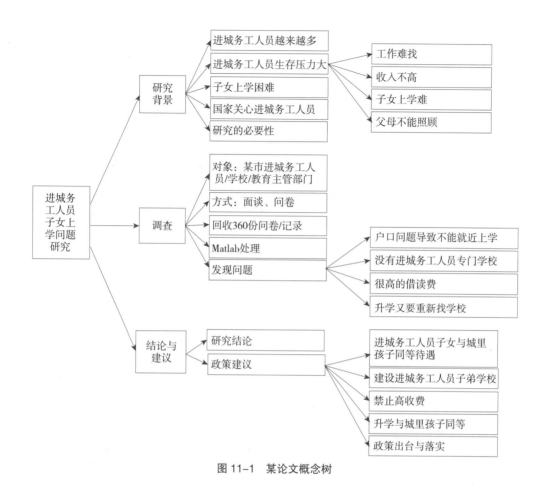

图 11-1 某论文概念树

一般来说，每章、每节的开始，都应该有一段概括性文字，承上启下，让读者明白本章节在整个论述中的位置。但是，这段概括性文字中，不能有具体的数据、信息，不要有图表，只是起衔接作用。文章的衔接方式主要有以下几种。

（1）总体分述式衔接。在章节开头的时候，先对想要说明的总体内容做一个简单的概括，然后在后面再进行细化分析。

（2）引领式衔接。在章节开始就提出所要论述的几个方面，然后在文章写作过程中，每个段落再突显文章开头的问题，做到首尾呼应。

（3）因果衔接。在章节开头提出某一个问题的结果，然后在论述的过程中，通过提出几个方面的原因来印证所造成的结果。

（4）补充衔接。在论述的过程中，可能会出现后面段落所要写的内容是对前面段落或者前面所提出问题的一种补充的情况，这就体现出补充衔接的重要性。

衔接方法其实还有很多种，关键是要根据所写论文的具体内容进行恰当的选择。掌握衔接方法、厘清文章思路，会让你在论文的创作过程中受益无穷。

11.4 用金字塔原理进行论述

很多论文文字水平不高，本质上是语言表达问题。2002 年，芭芭拉·明托出版了一本书《金字塔原理》，专门讲解写作逻辑与思维逻辑，建议大家一读。

金字塔原理其实就是"以结果为导向之论述过程"。该原理主要有两点：①将论述思想层层展开（推论），组成"概念金字塔"，每一推论之子推论间均保持"相互独立，完全穷尽"。②描述的时候，先讲结论，再讲内容，这样逻辑性就很强，让别人容易理解。

"概念金字塔"举例：某餐馆要提高利润，需要从增加销售收入和降低成本两方面努力。销售收入又包括堂食、外卖两项。成本包括房租、人员工资、材料费、送餐费、燃料费、电费、设备折旧、税收。进一步，材料费又包括食材、调料、一次性餐具、包装盒等，如此层层展开，就可以描绘出"餐馆利润金字塔"。其中利润只可以拆分为销售收入和成本两项（相互独立、完全穷尽），销售收入包括堂食、外卖两项（也是相互独立、完全穷尽）。同样，成本项目也要这样划分。

下面一篇论文中，关于生产管理存在问题的部分是这样写的：

> 本公司的批产和新品研发订单量都在快速增加，但在交货期、新品研发项目管理、企业信息化管理、供应商和外包管理、质量管理等生产运营方面存在诸多问题，导致企业的研发和生产能力严重不足，满足不了目前的订单需求。

如果按上文描述，很难构建"问题金字塔"，存在思维混乱、逻辑性不强、论述无主题等多方面的问题。其中，交货期和其他几项"管理"不能是并列关系，前面的问题也不能得出"研发和生产能力严重不足"的结论。"批产"是企业内部用语，尽量避免使用。可以按照以下方式来写。

> 近年来，本公司的订单量快速增加。公司设计能力为每月 30 台套，而目

前每月平均订单量为 50 台套，远远超出能力范围。由于生产能力不足，因此生产过程出现交货期延迟、质量不稳定、成本上升等问题。

（1）交货期延迟。据统计，有 72% 的订单不能按期交货。其中 15% 的订单延迟 3 个月以上才能交货。

（2）质量不稳定。由于长期处于加班状态，设备得不到及时维护，加工质量下降。工人疲劳操作，质量事故增加。

（3）生产成本上升。加班赶工，加班费增加。电费、工作餐费、夜间交通费等运营费增加。原材料、在制品库存增加。这些增加的费用造成生产成本上升。

这样写，就可以整理出"问题金字塔"。其中第一层的问题分为交货期、质量、成本三项，基本上符合相互独立、完全穷尽的原则（知识点：制造企业生产管理三大目标）。第二层中的质量问题，分为设备和人员两项，虽然不是"相互独立、完全穷尽"的，但也勉强说得过去。文字描述方面，也是先说结论，再用数据、事例说明该结论。

11.5　让文字更精练

文字精练，首先是文字要"精准"，用专业、规范、客观务实的语言。其次，文字要浓缩，"简洁是智慧的灵魂"，不讲废话。最后，防止错别字与语法错误，不要出现硬伤。

1. 毕业论文的语言与风格

毕业论文是学术论文，应使用专业语言、规范的汉语语言，体现客观务实的风格。论文不是文学作品，不能用文学语言。

（1）专业语言。毕业论文所研究、探讨的内容具有专门性，它是以科学领域里专业性问题作为研究对象。论文的读者是专家学者和同行，要运用理科、人文社科、工程技术和管理的专业术语及专业性图表符号，不用担心其他人是否看得懂。要用合适的专业术语把学术问题尽可能表达得简洁、准确、规范。

（2）规范的汉语语言。必须建立一个统一、明确、共同遵守的标准，以利于正确表达和理解。其包括语音规范的标准、词汇规范的标准、语法规范的标准、文字规范的标准，还要避免使用行业、企业用语。

（3）客观务实的风格。在论文写作中，要坚持客观性、实用性、科学性和避免情绪化的原则。尽量不要使用设问、反问、感叹等加强效果的语言。客观性要求作者在立论上不得带有个人好恶与偏见，不得主观臆造，必须切实地从客观实际出发，从中引出符合实际的结论。

实用性就是要与实际情况紧密联系，可以实际应用，对现实中的情况具有指导作用。科学性是指论文所介绍的方法、论点，是否可以使用科学方法来证实，切忌空谈假设。对论文中陈述的观点，应该给予客观、具体的陈述，避免带主观性和情绪化的评论与脱离具体内容的解释。

2. 简洁是智慧的灵魂

用最简练的文字传递最多的信息、完成论证或解决问题，是科学研究工作者的必备素质。从纷繁复杂的资料、调查中发现问题，经过论证解决问题，文字表达必不可少，但用精练的文字更加重要。有些论文充斥大量资料、写得拖泥带水，除了表达不清，还会给老师带来"灌水"的感觉。文字精练，就要求每个段落、句子、用词都力求精练。

下面以一篇"知识产权保护与产业升级"为主题的文章中"研究意义"的一段文字来分析。

> 研究意义：
>
> 我国高新技术产业规模较大但技术水平较低，仍以加工组装的方式为主，参与全球生产，处于全球生产的中低端位置，国际竞争力不强。而知识产权保护制度作为一种重要的制度安排，对一国产业结构有重要的影响，合理的知识产权保护制度能刺激自主创新的不断产生，吸引更多、更高质外部技术流入，外国技术溢出推动我国高技术产业技术水平进一步提高，高新技术产业比例加大。
>
> 现有的针对知识产权保护对我国产业影响的研究中，较少详细研究外国技术溢出的影响机制对产业结构的影响，大都对具体产业展开研究，分析知识产权保护对技术领先和技术追随国具体行业的影响差异，欠缺整体上知识产权保护程度对产业结构整体上的比重研究。本文用外国技术研究，通过外商直接投资占GDP比重，考察知识产权保护力度不同对外商直接投资力度的细致化影响、作用机制和传导途径，进一步分析知识产权保护的外商技术溢

出的调节作用对我国产业结构的影响，进一步改善我国产业结构，促进产业结构升级。

这段文字有几个问题：第一段是对我国高新技术产业的评价。第二段前一部分是对现有研究的评价，接下来的内容（本文用……）是介绍研究过程。这些都不是"研究意义"。只有最后两行才说到意义，而且表达得不完全。建议做如下修改。

研究意义：

本文通过文献分析和实证研究，考察知识产权保护力度不同对外商直接投资力度的细致化影响、作用机制和传导途径。其研究意义在于：

（1）发现知识产权保护的外商技术溢出的调节作用对我国产业结构的影响规律。

（2）促进我国产权保护事业的发展。

（3）通过更好的产权保护，吸引更多的外商投资。

11.4节讲的"金字塔原理"，就是处理"啰啰唆唆"论文的很好办法，也有利于文字的精练。

3. 如何防止错别字与语法错误

1）错别字

文章中出现错别字很常见，可能的原因有：①作者文字水平不够，不知道是错别字。②电脑打字（特别是拼音打字）的时候，无意中选了错别字等。对于这些情况，需要同学们加强阅读、经常练笔，提高文字水平。要防止打字错误，需要在打字的时候，认真看看选哪个结果，发现问题及时改正。

无论何种情况出现错别字，都需要在交稿之前改正过来。在评审老师的眼里，看到错别字，就像看到飞舞的苍蝇，会很不舒服。改正错别字的方法主要有三种。

（1）自己检查。文章写完后，冷静、仔细地检查几遍，大声朗读出来，发现问题及时改正。

（2）请同学帮忙。同学之间互相检查，容易看出问题。

（3）软件改正。最简单的办法是利用WPS的拼写检查工具。写好一部分，就可以选WPS的"审阅"功能，单击最左边的"拼写检查"，软件自动将错别字或者软件怀疑有问题的中英文单词挑出来,让你更正。如果选"文档校对"功能,需要注册用户、交费。此外,百度 AI(人工智能)、黑狐写作、一些码字软件等,也都可以找错别字。

2)语法错误

汉语有很严格的语法,同学们从小学到高中,都有语文课,都受过严格的训练。有的同学上大学学文科专业,语言能力更好。尽管如此,论文中的语法问题仍然存在,成分残缺(缺主语、宾语等)、搭配不当(如"节省开支"写成了"节省浪费")、缺少结构助词(的、地、得)、病句等。提高文字素养不是一两天的事情,写论文的时候,要避免语法错误,建议如下。

(1)尽量用陈述句,不用疑问、设问等复杂句型。陈述句主谓分明,容易发现错误。

(2)尽量不用包含从句的长句子。例如,有一个句子"本文以国内较早开展租赁经营服务、在华东区乃至全国都有影响的安徽金斯卡金融服务有限公司作为研究对象"。这个句子太长,读起来拗口,建议改成两句话"安徽金斯卡金融服务有限公司是国内较早开展租赁经营服务的企业,在华东乃至全国都有影响。本文以该公司为研究对象"。

(3)尽量用书面语,不用口语、俗语、俚语、网络语言。平时大家在微信聊天时,说的话往往句子不完整、不是专业的表达方式,这些要避免。例如,某论文中一句"实习让我们认识到,光具备书本知识是不够的"。这个"光"字,是口语化的表达,要换成书面语"仅仅"等。

(4)重视访谈材料整理。访谈对象的表述,往往口语化严重,如果按照实际录音记录,往往不符合语言规范。需要适当梳理,用书面语表述,关键的地方用括号等形式作出解释,便于读者正确理解其真实含义。

本章思考题

1. 你的论文的主题是什么?主题在各章都得到体现了吗?
2. 你的论证过程是否符合论证三要素、四规律?如果有问题,请改正。
3. 画出你的论文概念树,看看各个部分是否主题突出、符合逻辑?
4. 对照金字塔原理,检查你的文字表达还有哪些地方需要改进?
5. 请将你论文中啰啰唆唆的表达,提炼成简洁、明了的文字。

第 12 章　论文主要单元的写法

本章导读

论文由一个个"单元"组成，如摘要、关键词、研究背景、文献综述、研究方法、理论基础、结论等。这些单元，就是论文大厦的一间间房子。每一间房子盖好了，大厦才显得气派。本章介绍其中主要单元的写法。

12.1　摘要和关键词

1. 摘要

摘要，就是"摘取全文精要"的意思，因此应该字字珠玑，不能废话连篇。摘要应具有独立性，一般包含关键数据、结论等重要信息，即不阅读报告、论文的全文，就能获得必要的信息，供读者确定有无必要阅读全文。摘要用第三人称书写，用"本文"，不用"本人""我们"等用语。应高度概括论文的主要观点，不加主观评论（论文好坏）和价值判断（研究是否有什么价值）。

论文的摘要由中文摘要和 abstract（英文摘要）两部分组成，要求中英文摘要完全一致。摘要名称直接取为"摘要"，不要取为诸如"中文摘要""内容摘要""中文提要"或者"内容提要"等。

国际标准和国家标准对摘要的界定中都明确要求"不加解释或评论"。一般包括研究背景、研究目的、研究方法、研究内容、主要结论五项内容。

大学毕业论文的摘要字数要求在 200~400 字，建议其中的研究内容占 40% 以上的版面，研究背景不能超过 20%。注意，英文简介中，英文标题不可遗漏。

例子：

> 社区管理与居民参与是当今中国社会建设的重要内容。本文针对广州市翠湖社区进行的实地调查所得数据，试图从社区管理者、社区居民两个不同角度，呈现该社区的管理与居民参与图景，并分析产生这种现象的深层原因，从而为社区管理与居民参与提出可行性建议，以促进社区的和谐发展。

2. 关键词 / 主题词

关键词是用来反映文章研究核心主题的词汇，目的在于让别人精准地找到你的文章。关键词分为三种：主题性关键词，就是论文的主题。过程性关键词，就是研究过程采用的理论、方法、模型、关键变量等。结果性关键词，就是能代表研究结果的关键词。

关键词一般为 3~5 个，按照涵盖范围由大到小排列，如"供应管理 供应链 采购 供应商评价"。关键词以显著的字符另起一行并放置于摘要页的底部，左顶格。如果不在底部，要增加空格使其到达页面底部。中文关键词之间空一格，英文关键词之间用逗号隔开。特别提醒，英文的关键词是"key words"！

不要采用无效关键词，如"研究""策略""对策""安徽""合肥"等，因为其对论文检索没有多大意义。

12.2 研究背景、目的和意义

1. 研究背景

毕业论文的研究背景，是回答"为什么要研究这个问题""提出本研究课题的缘起是什么""研究的目的是什么"。一般来说，研究背景有四个方面的内容。

（1）外部环境或场景的介绍。我们研究的问题，都离不开一定的场景或社会环境。例如，"中国制造2025"发展战略对芯片产业提出了很高的要求。你是研究芯片相关技术的，就要介绍国家政策，分析"中国制造2025"的需求，从而证明你的研究很有必要、很有价值。

（2）理论或技术的进展。国内外在某些理论或技术领域取得重大进展，迫使我们加快在该领域的研究。例如，新能源汽车技术不断突破，迫使中国不断在新能源汽车领域进行技术创新，也是你开展研究的重要背景。此外，国内外该领域的发展趋势，也是深入研究本课题的依据。

（3）本企业（或所在单位）在某些方面出了问题。如销售下滑、成本上升等，使得你有必要进一步研究。

（4）本课题进一步研究的必要性。用一段文字综合上述三项因素，归纳出研究的必要性。

> 论文题目（例子）：进城务工人员子女上学调查与对策研究
> 研究背景（提纲）：
> 1. 国家构建和谐社会，关注弱势群体。
> 2. 新时期中国特色社会主义建设理论、公共管理理论不断发展。
> 3. 越来越多的农民进城务工，子女上学难问题突出。
> 4. 有必要通过调查，解决进城务工人员子女上学问题。

研究背景的最后一段，要简要论证你开展本研究的必要性、迫切性。问题越迫切，论文选题的必要性越强，研究意义越大。

2. 研究目的

研究目的，就是"论文的研究要达到什么目的"。

理科论文研究的目的是找出科学规律（变量之间的关系）。工科论文的研究目的是设计出一种新产品、新技术、新工艺。人文社科专业论文的研究目的是揭示社会现象及其原因、提出对策。管理专业论文的研究目的是解决企事业单位管理上的问题，提高竞争力等。公共管理论文的最终目的，是提供更多的公共服务，可以分解为效率提高、成本降低等，作为具体研究目的。

例如，某篇题为《国际工程项目风险体系建设研究》的论文，其研究目的可以表述为：针对公司在国际工程项目风险管理上的不足，建立一套有效的风险管理系统，有效识别、评估、应对和控制风险，降低公司国际工程项目的实施风险，提高企业国际竞争力。

3. 选题意义

论文的研究意义，就是要阐述做此项研究之后，研究得出的结论有什么理论和实践意义。理论意义是指对理论的贡献，包括新理论提出、方法改进、算法改进、设计思想、开发工具改进等。实践意义可以从本课题对于产品、企业、行业、国家等不同角度的意义来写。

例如，本设计可以简化材料生产过程、降低产品生产成本、帮助企业提高效益、促进行业发展、增强国家制造实力、解决"卡脖子"问题等。

人文社科和管理应用类论文所研究的问题一般源自社会或经济、商业活动，故主要阐述其研究的社会、经济、商业价值等，可以从四个方面来写：①对本单位的意义。②对行业的意义。③对国家或社会的意义。④对理论的贡献。

12.3 文献综述

研究工作是站在前人的肩膀上所做的探索，因此在开展研究之前，需要看前人的文献。相关文献很多，需要有取舍，围绕本研究的问题收集文献、写文献综述。

文献综合评述简称文献综述，是指在全面收集、阅读大量的有关研究文献的基础上，通过归纳整理，介绍相关研究成果，分析前人研究存在的问题和不足，为本人的研究提供理论依据。"综"就是综合百家之言，"述"就是叙述和评论。有的论文将"文献综述"称为"文献回顾""国内外研究概况"，性质是一样的。

1. 对文献综述的总体要求

文献综述需要回答以下几个问题：前人有哪些与本课题有关的研究？有些什么结论？这些结论有什么一致性和分歧？研究有哪些成果和进展？在变量选取、研究方法、结果解释上还有哪些不足？最后附上参考文献。参考文献的作用，就是说明前人的研究可见于哪些专业杂志或专著。

文献可以通过图书馆、网络或其他渠道查阅。如何准确查找学术文献，请见3.2.3节。这些文献应该满足以下要求。

（1）完备性。完备性就是你研究主题的文献，要尽可能查完备，特别是该领域的代表性文献，一定要查到。有些同学上网随便找几篇文献，完备性就有问题。

（2）相关性。相关性就是查阅的文献要与本研究课题密切相关。比如你研究进城务工人员保险问题，就要和"进城务工人员""保险"这两个关键词密切相关。

公务员保险或者进城务工人员工作压力，就和课题不相关。

（3）条理性。条理性指对文献的分析有条理，概括得当，结论明确。有些同学列出了若干专家关于本课题的研究，但是没有将各位专家的观点串联起来进行分析。

（4）参照性。参照性指指出前人研究的进展以及矛盾、疏漏或不足，为本研究提供明确的起点和数据分析的参照，明确本课题的研究方向。

文献综述的写作分为四步：文献收集、文献阅读、文献分类介绍和文献述评。

2. 文献的筛选和阅读

第 3 章已经介绍了查资料的方法，其中包括如何查找研究文献，即通过中国知网、万方数据、web of science 查期刊文章、毕业论文、会议论文等学术文献。开始的时候，可能范围较大，收集的文献也很多，要进行筛选，留下毕业论文研究需要的文献。建议按照以下逻辑筛选。

（1）概念展开和文献归类。按照论文主题（见 2.6 节、11.1 节），将主题的概念展开，然后把文献归类。例如，"实验"这个概念，可以展开成"实验过程、实验环境、实验设备"等概念；"机器人设计"的概念，可以展开成"机器人概念设计、机械部分设计、电器部分设计、控制系统设计、安全性设计"等概念；"经济发展"可以展开成"工业发展、农业发展、服务业发展"，或者"第一产业发展、第二产业发展、第三产业发展"等。

（2）阅读文献。选择若干篇具有代表性的文献精读，从中深入学习知识、了解别人的研究方法。其他文献泛读，从中找出对精读文献有补充、拓展或相反的观点。

（3）做笔记。将对毕业论文研究直接相关或者你认为精彩的观点记录下来，顺便把参考文献按规范格式放在后面，形成一个个卡片备用。例如，你读了某篇文献之后，觉得其中的一段话和你的论文高度相关、很有道理，做成如下卡片。

> 邢占军（2000）认为，影响国有企业员工满意度的外部因素包括物质满足、社会关系、自身状况、家庭生活和社会变革等。
> [1] 邢占军. 中国大中型企业职工责任感研究 [J]. 科学管理研究, 2000(2): 43-46.

（4）排列卡片。按概念的逻辑性，或者研究流程的先后，排列卡片，便于查找。

3. 文献分类介绍

文献的写作，一般按照下列次序进行。

（1）介绍主题词概念的演变过程。按照时间轴，介绍围绕研究主题的研究进展。文字介绍之后，通常用一个表列出不同学者对这个概念的定义、内容等。例如，制造业服务化概念的演进见表 12-1。

表 12-1　制造业服务化概念的演进

提出学者	中英文名称	概念内容
Vandermerwe（1988）	servitization 服务化	第一次提出了"物品–服务包"的含义，指出服务在整个"包"中所占比例最高
White 等（1999）	servicizing 服务化	制造业服务化是制造业企业角色转变的过程：由单纯的产品提供商转变为"产品+服务"的供应商
Szalavetz（2003）	tertiarization 第三产业化	从制造业企业产品的生产效率和产品附加服务两个方面阐释了制造业服务化的具体含义，指出了企业在这两个方面受到的服务化因素的影响已经远远超过了传统因素
Mont（2004）	PSS 基于产品的服务系统	指出制造业服务化本质上是一种基于所生产产品提供服务的系统，主要目的是满足客户的需求，增强产品的竞争力
孙林岩等（2007）	服务型制造	制造业企业转型发展的新模式，能够实现价值链增值最大化，是一种基于制造的服务，也是服务的制造
刘继国等（2007）	制造业服务化	提出了从投入和产出两个方面进行定义

（2）对概念分类描述。例如，消费者的感知价值分为功能价值、情景价值、认知价值、情感价值、社会价值五个子概念，如图 12-1 所示。

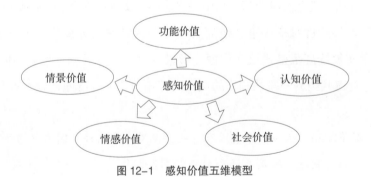

图 12-1　感知价值五维模型

分别叙述这五个子概念，专家学者有哪些研究。如果这些概念之间有相互作用，则需要进一步介绍子概念之间相互影响的研究文献。

再如，某篇文章研究进城务工人员培训问题，文献综述中分别回顾了五个方面的文献，即进城务工人员培训必要性研究、供给与需求研究、培训内容研究、培训效果研究、配套机制研究。这样就很完整地介绍了进城务工人员培训研究已经进展到什么程度。

4. 文献述评

文献述评是对前人研究的述评，是指对某学术研究专题的研究状况进行概述、评论、展望和预测。

研究述评的内容包括：①所研究的题目和相关领域的同行研究到了何种程度。②有哪些方面做得还不足。③发现继续研究的空间，也就是本研究需要进一步开展的工作。

某论文研究"再制造闭环供应链"问题，其文献述评示例如下。

> 关于闭环供应链中回收努力的研究，大多数文献在回收努力影响需求、回收量的条件下研究回收努力对定价决策乃至供应链效益的影响，而在回收努力影响回收质量的条件下研究回收努力的文献较少，并且现有文献主要考虑回收努力对需求、回收量或者回收质量的单一影响。本研究将回收努力进行分配，部分提升回收量、其余部分提升回收质量，以此研究回收努力对供应链的影响，分别从回收商和供应链系统的角度探讨最优回收努力分配策略。

研究述评要高度提炼，文字不要太多，但要精练。最后一句话表明你要在前人的基础上做什么研究，是你整个论文写作的方向，和你文章中各处一定要保持一致。这句话评审老师一定会看，因此务求准确。

12.4 研究方法与研究内容

1. 研究方法

研究方法分为论文整体的研究方法和局部的研究方法。整体研究方法有建模法、质性研究法、实证研究法、实验研究法、调查研究法等（见 3.5.1 节），局部研究方法有调查研究法、文献研究法、对比分析法、历史研究法等，其中调查研究法既可以用于论文整体研究，也可以用于局部研究。文章采用了哪些研究方法，可以按照顺序来写，分别介绍每一个方法。例如：

> 本文采用实证研究法、文献分析法等：
> （1）实证分析法。本文在现有理论的基础上，提出需要讨论的核心问题，进行数据的收集和处理，建立警察工作效能刑事案件管控方面的分析模型，并进行实证分析，以更好地得出和说明与本研究内容有关的结论。
> （2）文献分析法。通过对大量国内外文献的阅读、归纳和总结，对本文研究的领域有进一步了解和把握，从而确定本文的研究视角和思路。

2. 研究内容

研究内容就是指课题研究过程中，为了解决研究问题、达成研究目标，所设定的具体研究事项。研究内容是实现研究目标的载体，也是研究目标的具体化。有什么样的研究目标，就应该配套写出相应的研究内容。一般情况下，研究内容的数量不能少于研究目标的数量。

比如，课题"职业院校实践课程建设的研究"，确定了四个研究目标：①建立职业院校实践课程目标体系。②探索职业院校实践课程内容体系。③探索职业院校实践课程的教学方法、教学策略、教学模式。④建立职业院校实践课程评价标准。

有了以上的研究目标，研究内容就要围绕这四个目标来设定，不宜另起炉灶。根据这四个目标，我们确定如下四个研究内容。这里简写如下：①关于职业院校实践课程目标体系的研究。②关于职业院校实践课程内容体系的研究。③关于职业院校实践课程实施中的教学方法、教学策略、教学模式的研究。④关于职业院校实践课程评价标准的研究。

从这个例子可见，研究内容是围绕研究目标设计的。写作过程中，要将每项研究内容适当展开解释一下。

12.5 理论基础

理论基础也叫理论概述，是对论文研究所运用的主要理论的系统阐述，是毕业论文的重要组成部分，通常作为第2章。理论基础的好坏可以反映出学生基础理论学习的扎实程度，影响读者对整篇论文的印象。

1. 理论基础的主要内容

理论基础这一章,一般包括四个部分。

> 第 2 章　××理论基础
> 2.1　××相关理论
> 2.2　××相关方法
> 2.3　××相关分析工具
> 2.4　××国内外经验借鉴
> (××就是论文的主题,如产权保护、醛基交联反应、风险管理等)

相关理论部分一般由以下几个部分组成。

(1) 理论的历史发展过程。任何一个理论都是从无到有,历时数十年甚至上百年才发展成为成熟理论的。首先可以按时间顺序,对于理论发展的各个历史阶段给予简要的介绍。可以整理成一个表,将理论发展过程或流派汇总到一起,见表12-2。

表 12-2　战略管理学派

学派	代表人物	观点
计划学派	安索夫	企业战略是企业有意识、受到控制、程序化、规划化的安排,企业应该制订详细、具体可实施的发展计划
定位学派	波特	企业战略的本质就是对企业所处行业进行定位。企业在选择有潜在高利润的行业进行发展后,确定企业在本行业中的位置,从而采取不同的竞争策略
设计学派	安德鲁斯	企业战略管理是企业决策者对企业未来发展进行的精心设计,具有宏观指导意义
认知学派	赫伯特·西蒙	企业战略的形成是企业获取、处理相关知识并建立相关认知的过程
文化学派	莱恩慢、沃特曼	基于企业文化及其社会价值观,企业战略的形成是一个集体思维和社会交互的过程
结构学派	明茨伯格	企业战略在一定时期需要稳定,形成一种多角度战略架构,同时在稳定中实现战略架构的变革
学习学派	林德布洛姆	企业战略是在学习、进步和选择中形成的,是企业的一种应急的过程
企业家学派	熊彼特	企业战略是一个预测过程,是构筑企业愿景的过程,是一种直觉思维,是企业家精神的具现

（2）理论内容概述。毕业论文中的理论基础，只需要对相关理论内容做简要性概述就可以了。需要注意的是，不要过多地介绍名词术语和基本概念，因为论文的读者都是专家，或者说，你写论文是给专家看的。

（3）理论的发展趋势。随着经济社会环境的变化，任何理论都需要进一步发展。需要论文作者在阅读众多文献的基础上，概括出理论的未来发展趋势。其目的是要说明，本研究采用的是最新的、符合未来发展方向的理论，而不是已经过时的理论。

（4）论文中需要用到的一些分析工具或算法。如分析工具（如SWOT分析、波士顿矩阵、Matlab等）或者算法（如遗传算法、聚类算法等），需要在这里介绍。

（5）理论在国内外的应用案例介绍。其一般包括事件背景、主要做法、取得的成效等，需要对收集的资料进行加工处理，不能简单地从网上找一段资料"粘贴"进去。案例给出之后，需要简要总结该案例的经验或教训、带给我们什么启示。

以上五个部分是理论基础部分的通常构成部分，不一定五个部分都要写。理论基础部分并不是毕业论文写作中必不可少的，在某些应用领域中并没有成熟的理论，所以也就没有所谓的理论基础了。

某篇论文理论基础比较完整，结构如下：

```
第 2 章  战略管理理论基础
   2.1  战略管理的内涵
      2.1.1  战略管理的发展历程
      2.1.2  战略管理的作用
      2.1.3  战略制定过程
   2.2  战略管理理论
      2.2.1  竞争战略理论
      2.2.2  核心能力理论
      2.2.3  战略联盟理论
   2.3  战略管理分析工具
      2.3.1  PEST 分析法
```

> 2.3.2 五力模型
> 2.3.3 SWOT 分析
> 2.4 国内外企业战略管理成功案例
> 2.4.1 华为的战略管理
> 2.4.2 特斯拉的战略管理

2. 理论基础写作经常出现的问题

（1）概念介绍过多。把关于某理论的方方面面都罗列在论文中，是不合适的。理论基础要精练，不要给论文审阅老师留下"凑字数"的印象。

（2）理论、方法和分析工具混为一谈。"理论"是证明规律性的东西。如相对论、社会责任理论、波特竞争战略、产品寿命周期理论。"方法"指做一件事情的框架和流程，如化学等效替代法、逆向设计法、准时生产制等。"分析工具"是指分析问题使用的软件、程序、算法等外部工具，如微软 Project、Matlab 等。

（3）没有抓住理论主流。主流是指在这个领域大家公认的理论，如战略管理的主流思想是迈克尔·波特的竞争理论。尽量不要用非主流理论。

（4）内容陈旧。应介绍理论最新进展。一些同学在论文理论基础写作时只是将 10 多年前管理学教材中相关的部分照搬到论文中，这是极不可取的。

（5）介绍有争议的理论。新固然好，但不可有争议，理论基础中介绍的理论是论文中论述的依据，那么用有争议的理论来论述，显然是不合适的。

出现以上问题，根本原因在于阅读过少，写起来没有内容，缺乏对理论的甄别能力。因此，静下心来多读文献和经典教科书，是不可或缺的。

12.6 论文中调查部分的写法

调查的目的是发现问题，调查结果是论文诊断出来的问题的重要来源（还有数据分析、资料整理等其他来源）。如何做调查，请见 3.2 节。

调查的过程、结果等内容，要在毕业论文中写出来。可以考虑两种写法：一是写成一章；二是写两三节，对应的结构如下。

写成一章（示例）	写成几节（示例）
第 4 章　消费者满意度调查 　　4.1　调查设计 　　　　4.1.1　调查目的 　　　　4.1.2　调查方法选择 　　　　4.1.3　问卷设计 　　4.2　调查过程 　　　　4.2.1　调查对象 　　　　4.2.2　问卷发放与回收 　　　　4.2.3　问卷的有效性分析 　　4.3　样本与数据统计 　　　　4.3.1　样本描述 　　　　4.3.2　数据统计 　　4.4　调查的主要结论	3.3　消费者满意度调查过程 　　3.3.1　调查设计 　　3.3.2　调查实施过程 　　3.3.3　样本分析 3.4　调查数据与结果分析 　　3.4.1　数据统计 　　3.4.2　调查的主要结论

论文写作中，不必非常完整地描述调查过程，那样篇幅太大，容易冲淡主题，应注意以下几点。

（1）适当交代调查的设计。其包括调查目的、方法选择、调查表设计原则、调查方法（问卷、访谈等）、样本选择、实施过程（调查人员、时间）、数据处理方法等。这些信息是专家判断调查有效性的重要依据，一定要写，篇幅控制在两页左右。有的论文只用寥寥数语说明调查设计，缺少样本、实施过程等必要信息，调查的可信度就要大打折扣。

有些调查还要分阶段，前期进行预调查，修正调查表、调查范围等。调查质量很大程度上取决于调查设计。特别需要注意的是，调查对象（样本）应多样且具有代表性，避免只调查单一群体。例如，某"税务机关工作满意度调查"，只选取规模以上工商企业为调查对象，显然忽略了众多私营企业、合资企业、个体户、自然人（个税纳税者）等群体，因此是不科学的。

（2）调查过程及其描述。要获得真实数据，需要保证调查过程的质量。实际调查情况如何，要详细记载。特别需要指出的是，论文中要用一定篇幅，描述调查过程，包括调查时间、范围、调查样本统计等，增加可信度。

（3）数据处理。统计学方法、统计工具（如 Matlab、SPSS）的使用很有必要，调查数据分析汇总表，要能反映差异性、增加比较、增长比例之类的栏目，方便读者阅读。同时，对一组数据不需要同时用数据表和圆饼图（或折线图）重复写在论文里，因为二者包含的信息量是一样的。如果使用图形，要注意屏幕上看到的彩色信息，打印出来后可能让人迷惑。数据处理过程的很多原始数据、中间表，可以简化一些。

（4）调查结果分析。结果分析的目的主要有两个：一是找出问题；二是找出产生问题的原因。问卷调查获得数据可以发现问题，要结合访谈调查，追寻原因，让数据在现实中得到印证。例如，问卷调查发现青年员工收入、满意度低于中年员工。通过访谈调查得知，青年员工的情绪普遍低落，由此可以得出"青年员工收入偏低"的结论，为后面改进绩效管理、分配适当向青年员工倾斜提供依据。

调查结果分析一般包括四个部分内容：①对调查数据的信度、效度的简要分析。②基本的统计汇总，暴露一些表面问题。③深层的挖掘，从不同项目之间的关系发现问题。④不同调查方式之间的相互印证，如访谈和问卷调查之间的相互参照，从而提炼出需要解决的根本问题。如果调查之后得到的数据非常多，不需要都罗列出来，可以选择最需要的数据，用表格或图形展示，同时配有文字说明。

（5）把问卷放入附录。调查问卷、中间结果等信息，占用篇幅大，不能放在论文正文中，可以作为附录，放在"参考文献"之后。"附录"不能叫"附件"，可以编号"附录1 ××调查表""附录2 ××访谈提纲""附录3 ××汇总表"等。论文目录中应包括附录，文中调查设计部分必须引用附录，如"调查表见附录1"。经常有人在后面列了附录，但前面没有引用。

总之，在毕业论文研究中，调查部分一方面要精心设计，深入实际，取得第一手数据；另一方面，要把调查过程、分析结果展示在论文中。

12.7 结论与结束语

论文的结论，就是论文的终结。这是论文内容发展的必然结果，也是全篇逻辑推理必然得出的结论。古人说作文要"凤头、猪肚、豹尾"，就是说：开头要写得漂亮，中间要写得充实，结尾要写得响亮有力。古人说："结句当如撞钟，清音有余。"可见结论在一篇论文中的地位是不可忽视的。就毕业论文而言，结尾不仅是论文的收束与终结，更是读者加深对论点或中心论点的理解与认识之所在，亦是衡量应用是否正确和成功的依据。

论文结论主要有两种写法：完整的结论和结束语。

1. 完整的结论的写法

结论是整篇论文的结论，不是某一局部问题或某一分问题的结论，也不是正文中各段的小结的简单重复。它应当体现作者更深层的认识，且是从论文的全部材料出发，经过推理、判断、归纳等逻辑分析过程而得到的新的学术总观念、总见解。

完整的结论必须准确、完整、明确、精练。该部分的写作内容一般应包括：①本文研究结果说明了什么问题，解决了什么问题，提出了什么新的方法。②对前人有关的看法做了哪些修正、补充、发展、证实或否定。③本文研究的不足之处或遗留未解决的问题，以及对解决这些问题的可能的关键点和方向。

某篇论文的结论一章如下：

> 第 6 章　结论和展望
> 　　6.1　本文的研究工作
> 　　6.2　论文的结论和不足
> 　　6.3　未来研究展望

其中，本文的研究工作是对全文的高度总结。一般采用"三段式"写法，如本文以某某为研究对象，针对 AAA、BBB、CCC 等问题，采用 FFF 方法，进行了 KKK 分析，得出的主要结论有 JJJ1、JJJ2、JJJ3 等。研究不足、建议和展望，是作者的自我反省或深思。

结论部分的写作要求是：措辞严谨、逻辑严密、文字具体。研究结论常像法律条文一样，按顺序 1、2、3、…列成条文。用语斩钉截铁，且只能做一种解释，不能模棱两可、含糊其词，跟前文所述自相矛盾。文字上也不应夸大，对尚不能完全肯定的内容注意留有余地。

2. 结束语的写法

"结束语"有时候又叫"结语"，跟完整的结论不同，它是指文章结尾带有总结性的一段话。结束语作为全篇文章的结束部分，体现了文章结构和内容的完整性，在结构上可与开头的绪论相呼应，表达全文主要内容的总结性、概括性话语。结语并不能代表学术研究最终得到的结论。

毕业论文如果篇幅不长，就不用完整的结论，用结语的情况也很常见。

结语内容较宽泛，是对全文的总结性、概括性表述或进一步说明，如再次点明论题，概括本文主要内容和研究成果，指出本研究的不足或局限性，提出需要深入研究的课题或指明研究方向，阐明论题及研究结果的价值、意义和应用前景，对有关建议及相关内容做补充说明。其语气表达的客观性较"结论"弱，主观性强。下面给出实例供参考。

> 结束语：
> 　　本文以华龙公司为研究对象，研究其战略制定问题。开展的主要研究工作有：
> 　　（1）系统梳理了战略管理相关理论和方法，为公司战略制定打下了基础。
> 　　（2）通过外部环境分析、内部资源和能力分析，对公司现有的产品特种元件、工业电源和军用电源等主要业务状况进行分析和总结。
> 　　（3）通过 SWOT 分析，厘清了公司发展的优势、劣势、机会和威胁。
> 　　（4）提出公司的使命、愿景、定位和战略目标，选择了增长型发展的总体战略。
> 　　（5）在总体战略指导下，提出了业务战略和营销、生产、人力资源、财务等职能战略思路。
> 　　（6）提出了战略实施保障措施。
> 　　战略的制定将对华龙公司今后几年的发展起到一定的指导作用。

本章思考题

1. 你研究的问题，除了上述单元外，还有哪些单元？
2. 结合你的论文，检查上述每个单元中存在的问题，并予以更正。

第 13 章 论文规范化与美化

本章导读

学术论文的写作规范包括学术道德、学术不端和学术格式规范等问题,是研究工作的重要内容。近年来,很多学校都出现了学术不端行为,有些学生毕业之后因被查出论文抄袭而取消学位。有些同学提交的论文,存在排版不规范、图表处理不当、参考文献标注不清等问题,让评审老师感觉很不舒服,影响论文的通过。因此要高度重视学术不端和学术格式规范问题。

本章首先介绍学术道德和学术不端,然后介绍论文格式、参考文献等学术规范,最后介绍如何让图表和排版更美观。

13.1 学术道德和学术不端

学术道德是指进行学术研究时遵守的准则和规范,一般包括学术诚信、学术规范、学术伦理、学术责任和学术精神。

学术不端行为是指违反学术规范、学术道德的行为,一般包括捏造数据、篡改数据和剽窃,还有一稿多投、侵占学术成果、伪造学术履历等。

科学研究是站在前人的肩膀上进行的,必然需要借鉴别人的思想、理论和方法。按照学术界通常的看法,连续引用别人成果 3 行以上而又不加标注的,即为抄袭。

从抄袭的形式看，有原封不动或者基本原封不动地复制他人作品的行为，也有经改头换面后将他人受著作权保护的独创成分窃为己有的行为。

因此，引用时需要注意：①必须引用原文时，明确标注，注意原作者观点出现的环境和前提，不能断章取义。②归纳学术观点，在消化多位专家观点的基础上，用自己的语言表达出来。③尽量避免引用政府官员和记者的观点，因为他们不是通过研究得出的结论，主观随意性较大，其观点也不能经受时间的考验。

目前，已经开发了一种查询论文重复率的软件，可以初步判断重复的比例，有些网站推出免费查重的服务。但软件的性能是有限的，作为大学生，最好的做法是原创，主观上杜绝抄袭行为。

13.2 参考文献及其引用与标注

1. 参考文献

根据中华人民共和国国家标准中对连续出版物中的析出文献、专著、论文集或其他专著中的析出文献、专利文献、学位论文等的著录的具体规定，学术论文中对参考文献有严格的要求。

参考文献要反映最新的研究成果，有最近几年的文献。参考文献要和论文内容密切相关。

不同的文献有不同的文献类型及其标识，以英文单字母大写并用方括号括起表示：普通图书 [M]、会议录 [C]、报纸 [N]、期刊 [J]、学位论文 [D]、报告 [R]、标准 [S]、专利 [P]、析出文献（主要来自专著、论文集）[A]、未定义文集（资料、语录、文件汇编、古籍等）[Z]。

下面列举几种参考文献的规范格式。

图书：

陈妙云，禤胜修. 应用型大学本科毕业论文（设计）写作教程 [M]. 广州：广东高等教育出版社，2018.

格里瑟姆. 本科毕业论文写作技巧 [M]. 马跃，南智，译. 2 版. 大连：东北财经大学出版社，2018.

CARR D, JOHANSSON H. Best practice in reengineering: what works and what doesn't in the reengineering process[M].New York: McGraw-Hill, 1995.

期刊论文：

周大鸣.文献综述撰写的目的与方法[J].广东技术师范大学学报，2021，42（4）：1-7.

ERCOLE F，THISSEN H，TSANG K,et al. Photodegradable hydrogels made via RAFT[J].Macromolecules, 2012,45(20)：8387-8400.

学位论文：

曾智.聚醚砜紫外光交联材料的制备与应用研究[D].长春：吉林大学，2010.

网站：

中国物流与采购联合会网站 http://www.chinawuliu.com.cn.

参考文献格式有很规范的要求，每个项目的位置、标点符号都是有严格规定的，要按照规范的格式来写。

有些学校对参考文献的数量有规定，如不能少于20篇，其中英文文献不能少于4篇。一般来说，参考文献中，图书占20%～30%，期刊占60%～70%，其他文献和资料（包括各种报告、统计调查表等）占10%～20%，少量列参考网站。

2.参考文献的引用和标注

文献的引用和标注通常有顺序编码制和著者-出版年制两种方式。

（1）顺序编码制。在正文引用文献处用上标标注参考文献编号，例如：

目前，国际上已经有很多应急物流和应急预案方面的研究，研究内容主要有应急资源的布局及调配、应急物流预案的编制等，如基于特定条件的库存模型[1]、针对紧急需求条件的快速反应的应急物资的调配[2]和应急物流预案[3]。

文后对应的参考文献：

[1]VLACHOS D, TAGARAS G. An inventory system with two supply modes and capacity constraints[J]. International journal of production economics, 2001,72(1):41-58.

[2]SHEU J B. An emergency logistics distribution approach for quick response to urgent relief demand in disasters [J]. Transportation research part E: logistics and

transportation review, 2007, 43(6): 687−709.

[3]ÖZDAMAR L, et al. Emergency logistics planning in natural disasters[J]. Annals of operations research, 2004, 129: 217－245.

（2）著者－出版年制。先在正文引用文献处标注著者姓名与出版年份，在文后的参考文献表中标注参考文献的详细信息。例如：

工作流技术发展到今天，随着实际应用需求的不断深入，人们对其提出了更高的要求，其中一个主要问题就是工作流的灵活性和动态性，即系统的柔性（Mangan P J，2002）。

文后对应的参考文献：

MANGAN P J，SADIQ S，2002. A constraint specification approach to building flexible workflows [J]. Journal of research and practice in information technology, 35（1）：21−39.

13.3　学术论文的格式规范

为了规范论文的格式，国家早在 1987 年就颁布了标准，即《科学技术报告、学位论文和学术论文的撰写格式》（GB 7713—1987）。以这个规范为基础，结合其他标准，本书提出以下格式规范要求。

1. 论文所用的文字

毕业论文要求采用正规的汉字书写，不得使用已经废除的繁体字、异体字等不规范的汉字以及标点符号等（特殊需要例外），也不能用外文撰写。通常中文字体使用"宋体"，西文字体使用"Times New Roman"。标点符号的用法以《标点符号用法》（GB/T 15834—1995）为准，数字用法以《出版物上数字用法的规定》（GB/T 15835—1995）为准。

有些资料的表、图形，可能是英文的，需要把这类图表的英文翻译成中文。如有英文缩略语，需要注释。

2. 版面与页眉

整体论文版面的要求：采用 A4 纸张。页边距采用 Word 的默认值，即上下均为 2.54 厘米，左右都为 3.17 厘米。页眉和页脚距边界分别为 1.5 厘米、1.75 厘米。行距设为 1.5 倍。奇偶数页眉相同，即"某某大学毕业论文"——左对齐，"论文题目"——右对齐，宋体小五号字。

3. 页码

正文之前的摘要、目录等，用大写罗马数字单独编排页码（即 Ⅰ、Ⅱ、Ⅲ、Ⅳ、Ⅴ、…）。从第 1 章绪论开始按阿拉伯数字连续编排（即 1、2、3、…）。页码位于页脚，底部居中。

4. 科学论文的编排次序

（1）封面
（2）版权页
（3）摘要 / 关键词
（4）Abstract/Key words
（5）目录
（6）正文
（7）结论
（8）参考文献
（9）致谢
（10）附录 A（可选）
（11）附录 B（可选）

其中，"目录"之后，可以增加图序（图的目录）和表序（表的目录）。版权页放在摘要之前。如果有个人简介，放在致谢之前。

5. 封面

封面中，有标题（也称题名）和署名。标题是以最恰当、最简明的词语反映论文中最重要的特定内容的逻辑组合，应避免使用不常见的省略词、首字母缩写字、字符、代号和公式，字数一般不宜超过 25 个汉字。

2001 年施行的《汉语拼音方案》规定，中国人的英文署名，姓在前、名在后，姓与名中间一个空格。姓和名的首字母都要大写。例如，张三丰英文应为 Zhang Sanfeng。

封面中的其他内容，按照各学校的规定。

6. 摘要和关键词

摘要另起一页。"摘要"用小 2 号黑体加粗。摘要的内容和正文格式相同。"关键词"另起一行，用小 4 号黑体加粗，内容用小 4 号黑体，一般不超过 8 个词，词间空一格。

Abstract：另起一页。英文规定为"Abstract"，用小 2 号 Times New Roman 字体加粗，居中。内容另起一行用小 4 号 Times New Roman 字体，标点符号用英文形式。英文"关键词"为"Key words"，顶格，其内容接"Key words"后空一格，词间用分号"；"隔开。整体用小 4 号 Times New Roman 字体加粗。

7. 目录

"目录"二字用小 2 号黑体加粗，顶部居中。目录的内容另起一行用小 4 号宋体。

论文的编目，这里推荐一种符合规范、容易引用的编排方式，分为章、节、目三级。

> 第 2 章　供应链管理理论概述
> 　　2.1　供应链
> 　　　　2.1.1　供应链的概念与发展
> 　　　　2.1.2　供应链的内涵与特征
> 　　2.2　供应链管理
> 　　　　2.2.1　供应链管理的产生及其原理
> 　　　　2.2.2　供应链管理的作用与意义
> 　　　　2.2.3　供应链管理的实施步骤
> 　　2.3　供应链管理发展趋势

其中，"第 2 章"中的"2"，一定要用阿拉伯数字，因为在出版规范中，如果用阿拉伯数字表示不会出现歧义的，优先使用阿拉伯数字。节、目的编号，用"章号"+"."+"节号"+"."+"目号"，这样表示隶属关系非常清晰，引用时也方便，如"见 3.2.1"，比"见第三章第二节第一目"要简洁得多。

目以下的编号，没有具体规定，推荐用以下两级。

> 1. 营销 4P
> （1）产品……
> （2）定价……
> （3）渠道……
> （4）促销……
> 2. 营销 4C
> ……

章节编号和标题之间用一个空格。

在第三级"目"之下，还需要特别注意以下几个问题。

①不要使用汉字编号，如一、二、三、…。

②不要使用汉字加括号，如（一）、（二）、（三）、…。

③不要使用英文字母，如 A、B、C、…。a）、b）、c）、…。毕业论文中，是不允许使用英文编号的。

④不要使用 Word 中的项目符号，如■、★、△、※、⊙等。

⑤在带括号的编号后面，不能使用"."、"、"号。例如，"（1）,"是错误的。

8. 正文中的字体字号

①正文中，章的编号和名称用小 2 号黑体加粗，顶部居中，每一章另起一页。

②节的编号和名称用宋体 4 号字加黑，左对齐。

③目的编号和名称用宋体小 4 号字加黑，左对齐。

④文字部分，用小 4 宋体。每个自然段缩进两个汉字。

⑤目以下的小标题，字体字号和文字部分一致，可以加黑。

13.4 图表的美化

常言说得好："一张好的图胜过千言万语。"图表的作用是让人清晰易读、简单明了。论文中需要一定量的图表，但绝不是越多越好，而要做到少而精，让每张图都能传达一个明确的信息。

1. 图表的分类

图表主要有数据类和概念类两种。数据类是将一堆数据用一张图表表示出来，显示数据之间的联系。概念类就是将某个描述、流程等用图画出来,使表达更加直观。

(1) 数据类图表。数据类图表是根据数据绘制而成,可以选用条形图、饼形图、柱形图、线形图和散点图等。数据类图表的精髓是通过比较,反映数据关系。一般分三步走,即先确定主题,然后确定比较类型,最后根据比较类型确定图表类型。典型的数据类图表如图 13-1 所示。

图 13-1　2012—2022 年中国医疗机器人市场规模
资料来源: https://www.gonyn.com/industry/1131133.html

从图 13-1 明显看出,中国医疗机器人市场规模持续增长,年增长率有下降趋势。

(2) 概念类图表。概念类图表最大的特点是直观地表达意思。下面的例子中,作者用自创的图案很好地表达了文意。

> 在大批量生产中,库存作为一种缓冲,缓解了生产与销售之间的矛盾,使客户的服务水平得以提高,因此,库存也成了一种工厂营运的必需品。为了避免缺货,工厂储备大量的原材料和零配件,工序与工序之间存在着大量的在制品,以及搁放在仓库中等待客户提取的成品。但是,这些库存造成了大批资金积压,使资金的利用效率大打折扣,并且隐藏了各种问题和危机。如图 13-2 所示为高库存量的隐患。

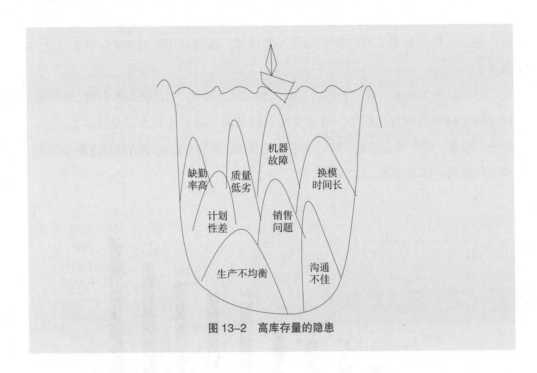

图 13-2 高库存量的隐患

图 13-2 将各种隐患以暗礁的形状来表示,如果小船触及任何一个因素,高库存量都会给企业带来危机。

2. 图表的标注

(1)图表的基本格式。每个图、表都需要编号、名称。一般用章号+顺序号,如图 1-1、表 3-2 等。图表的名称应该简明,和图表的内容一致。图表号和图表的标注之间空 1 个字符,居中放置。

图的编号和名称必须放在图形下面,表的编号和名称放在表的上面。格式为宋体 5 号加黑。如果图表引自他人,必须予以标注,注意引用的合法性。如果是自己创造的图表,可以不标明来源。

表序(编号)及表名置于表的上方,中文 5 号宋体字加黑,英文 Times New Roman,表内文字宋体 5 号。图序及图名置于图的下方,中文 5 号宋体字加黑,英文 Times New Roman,图内文字大小无规定,但不要太大,以免影响美观。

图表的名称和图组成统一体,原则上尽量放在一页。如果一个表的长度不足一页,不要分开放到两页去,可以通过移动部分文字,让完整的表留在一页。如果表格太长超过 1 页,需要在前一页的末尾注明"待续",下一页上方注明"续表",表头也应重复排出。如果图表过宽,可以将图表所在页面设置成"横排"。

(2)图表的标注和引用。图表的作用是帮助正文说明问题,因此在正文中需要引用。一般先由一段文字阐述观点、引用该图表的编号。给出图表之后，再根据图表提供的内容，用文字进一步说明。下面分别举例说明在引用他人的图和表时应该注意的标注。

图 13-3 展示了我国近 4 年的 GDP 增长趋势。

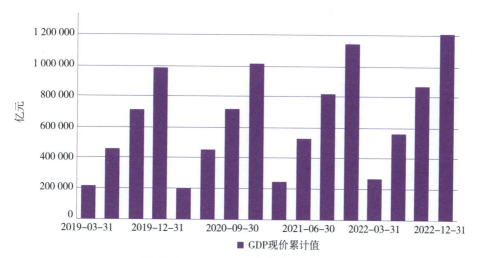

图 13-3　2019—2023 年中国 GDP 总值

资料来源：https://finance.sina.com.cn/jjxw/2023-01-17/doc-imyanwtk5813911.shtml

从图 13-3 可以看出，过去的 4 年，中国经济增长平稳。

有些图可能比较难看，可以用 Visio 等软件重新画出来，给读者以美好的印象。

（3）表的标注、引用和加工。例如，2010—2021 年，中国快递行业高速增长，快递业务量连创新高，10 年增长了 46 倍，见表 13-1。

表 13-1　2010—2021 年中国快递业务量　　　　单位：亿件

年份/年	2010	2011	2012	2013	2014	2015	2016	2017	2018	2019	2020	2021
快递业务量	23	37	57	92	140	207	313	401	507	635	833	1 083

资料来源：国家邮政局前瞻产业研究院。

此外，对表格适当改造，可以得到更加直观的结果，以表 13-1 为例，如果增加"年增幅"一栏，把"年份"二字靠右对齐，就可以更直观地反映问题。见表 13-2。

表 13-2　2010—2021 年中国快递业务量与增幅

年份 / 年	2010	2011	2012	2013	2014	2015	2016	2017	2018	2019	2020	2021
快递业务量 / 亿件	23	37	57	92	140	207	313	401	507	635	833	1 083
年增幅 /%		61	54	61	52	48	51	28	26	25	31	30

由表 13-2 可以看出，我国快递业务量连年增长，但增幅呈下降趋势。

再看一个例子。某大学生直播带货调查的描述性统计见表 13-3。

表 13-3　大学生直播带货调查描述性统计

选项	小计 / 人	比例 /%
男	78	38.42
女	125	61.58
大一	33	16.25
大二	71	34.98
大三	91	44.83
大四及以上	8	3.94

表 13-3 有问题，需要增加"项目"一列，"小计"应该是"人数"，增加两行分项目汇总，比例的百分号放到上面，再将人数和比例两栏居中，标题和合计行加黑，见表 13-4。

表 13-4　大学生直播带货调查描述性统计表

项目	选项	人数	比例 /%
性别	男	78	38.42
	女	125	61.58
	合计	**203**	**100**
年级	大一	33	16.25
	大二	71	34.98
	大三	91	44.83
	大四及以上	8	3.94
	合计	**203**	**100**

13.5 论文排版美化

论文写作通常都是在 Word 或 WPS 中进行的。Word/WPS 文字处理系统具有很强大的功能，利用得好，可以大大提高效率。这一节针对论文的排版，介绍一些 Word 的使用技巧。

1. 目录的自动生成

毕业论文通常都会有几十页，这样在前后翻看的时候可能会不方便，为了快速找到需要查看的地方，可以分章保存，或者利用 Word 的目录生成功能，自动链接到你想找到的地方。

分章保存即对每一章完成之后保存为一个".doc"文件，放到同一个文件夹下面，在查看每一章内容的时候很容易查找。

目录最好自动生成，而不是手工输入进去。自动生成的目录整齐美观，并且可以自动更新。其具体实现方法为：可以把章节标题定义成"标题1、标题2、标题3"，如图 13-4 所示。

图 13-4 定义章节标题

然后执行"插入"→"引用"→"索引和目录"命令，如图 13-5 所示。

图 13-5 目录的自动生成

目录的自动更新：在目录的范围内右击，选择"更新域"，弹出"更新目录"对话框，选择"只更新页码"或"更新整个目录"，即可对目录进行更新，如图 13-6 所示。

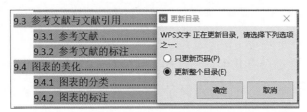

图 13-6　目录的自动更新

利用目录自动链接，可以按"Ctrl 键"、单击，即可跳到需要查看的章节。

2. 用 Excel 协助处理图表

（1）用 Excel 处理计算问题。Excel 具有很强的数据计算功能，但是排版很不方便。如果有很多数据需要计算，可以先用 Excel 算出来，再把结果复制到 Word 中去，如图 13-7 所示。

图 13-7　利用 Excel 计算功能

注意图 13-7 中的最下边一行，是通过上面的公式计算出来的。计算好了之后，可以复制到 Word 中需要的位置。

（2）用 Excel 生成图形。在 Excel 中绘出数据表，可以自动生成漂亮的图形。操作方法是：选中数据表，"插入"→"图表"，选择图形形式、参数等，系统自动生成图形。再把图形拷入 Word 即可，如图 13-8 所示。

这些应用不一一列举，只要你不断尝试，就会有很多意外的惊喜。

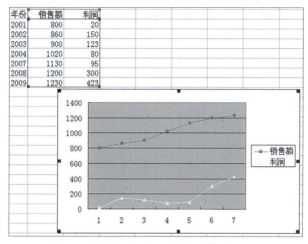

图 13-8　用 Excel 生成折线图

3. 用 Word 绘图

制作图形有很多专业工具，如 Photoshop、Windows 的画图功能等。其实 Word 就有很强的绘图功能。

在 Word 中，选择"视图"→"工具栏"→"绘图"，屏幕下方会出现绘图工具，可以画各种基本的图形，如图 13-9 所示。

图 13-9　Word 绘图工具

画好之后，可以把各种元素组合起来，防止变形，需要编辑修改也很方便。

还有屏幕打印功能、微信的剪切功能，都可以把屏幕上显示的图形"抠"下来。

本章思考题

1. 你是如何防止学术不端行为的？

2. 结合你自己的论文，逐项检查其规范性。

3. 你的论文排版，是不是符合要求？你自己满意吗？

第 14 章 论文答辩

🔍 **本章导读**

毕业论文答辩是论文阶段的最后一个环节，也是最重要的环节之一。有些同学论文写得好，但是没有很好地准备答辩，答辩演讲和回答问题磕磕巴巴、不得要领，让老师误认为论文研究不是学生自己做的。因此，要重视论文的答辩。

本章介绍答辩的目的和流程、幻灯片制作技巧、演讲技巧，以及如何回答老师的提问，帮助同学们顺利完成论文答辩。

14.1 答辩的目的和流程

答辩是问答式辩论的简称。学校组织毕业论文答辩的目的，是进一步审查论文，即进一步考查和验证毕业论文作者对所著论文的选题、研究过程和取得的成果，验证作者当场论证的能力，考察作者对专业知识掌握的深度和广度，审查毕业论文是否是学员自己独立完成等。

论文答辩的一般程序包括以下几项。

（1）学生汇报。学生用 10～20 分钟概述论文选题背景和论文的主要论点、论据和结论。

（2）答辩老师提问。提问范围有些是论文直接相关的，有些超出论文范围。根据学员回答的具体情况，主答辩老师和其他答辩老师可以随时插问。提问结束后学生离场。

（3）评议。答辩委员会集体根据论文质量和答辩情况，商定通过还是不通过，并拟定成绩和评语。

（4）宣布结果。召回学生，由主答辩老师当面向学员就论文和答辩过程中的情况加以小结，肯定其优点和长处，指出其错误或不足，同时向学员宣布答辩结果（通过或不通过）。

14.2 答辩幻灯片的制作

幻灯片应根据答辩报告的内容来制作。

1. 答辩 PPT 的内容

（1）封面（首页）。包括论文标题、答辩人、指导教师、课题的归属等。有的学校匿名答辩，规定不能列出指导教师、学生姓名，需要特别注意。

（2）选题背景和意义。包括选题背景、研究目的、创新性、应用价值等。

（3）论文结构。一般用一页列出章节目录。讲解的时候，不需要一一读出。

（4）研究内容。简明扼要说明理论概况、环境分析、现状、存在问题、解决方案、实施组织等，每个部分一两张 PPT。建议用提纲列出主要观点的关键词，用图形表达最好，文字不能太多。不需要一个个章节介绍。

（5）参考文献。一般用 1 页列出，不需要读出。

（6）个人简介。学习和工作经历，注意反映作者特点。

（7）致谢。向导师、评委和同学致谢。

2. 答辩幻灯片制作技巧

（1）答辩幻灯片的篇幅。一般 10~20 分钟的演讲时间，幻灯片一般在 20 张以内，除去封面、目录、参考文献、个人简介和致谢等页面，真正需要讲解的为 15 张左右。幻灯片中只需列出要点、关键词，不应有大篇幅的文字。

（2）需要讲解的幻灯片的安排。建议这样安排：研究背景和目的 1~2 页、研究现状 1~2 页、研究问题 1 页、假设或建模 2~3 页、调查 1~2 页、求解过程或解决方案 2~3 页、研究结果 1 页。

（3）幻灯片的格式。每一张幻灯，一般都有标题和正文，标题位于页面顶部，正文在下方。

（4）页面要简洁大方。可选择特征性图片如校园风景照片，不要太花哨，干扰主题。

（5）幻灯片模板配色宜简洁。文字或图片的颜色不能过于接近底色，要有一定的对比度。幻灯片里不应该只有文字，可适当加入模式图或流程图，也可加一点小小的花边，或插入学校 Logo 等，增加色彩。

此外，还需要注意以下问题。

（1）文字不能太多。切忌把 Word 文档的整段文字粘贴到幻灯片内。

（2）字体尽量大一些。因为很多教授年龄大，字体小了看不清楚。

（3）尽量不要用动画。各种电脑对动画的适应性不同，用动画容易卡壳。

14.3 演讲的技巧

1. 答辩前的准备

答辩前，在反复阅读、审查自己论文的基础上，写好供 10~20 分钟用的答辩报告，并反复练习。在答辩前尚需注意以下细节：①提前到达现场，熟悉现场布置，测试设备（如存放答辩幻灯片的 U 盘/移动硬盘是否能在电脑上正常播放、PowerPoint 版本兼容性、音响问题等）。②熟悉讲稿。③练习如何表达，尤其是开场白和结束部分。另外，在答辩前还需准备好一些物品，如论文的底稿、说明提要、主要参考资料、记录用的纸和笔，画出必要的插图、表格及公式，以备答辩委员会提问。

2. 良好的开场白

开场白是整个论文答辩的正式开始，它可以吸引注意力、建立可信性、预告答辩的意图和主要内容，好的开始是成功的一半。良好的开场白应做到：切合主题、符合答辩基调、运用适当的语言。应避免负面开头，如自我辩解等（如"我今天来得匆忙，没有好好准备……"）。这样的解释，既不能体现对答辩委员会专家的尊重，也是个人自信不足的表现，会让答辩者在各位专家的第一印象中大打折扣。牢记谦虚谨慎是我国的传统美德，但是谦虚并非不自信。同时也要避免自我表现、扬扬得意、寻求赞赏，引起答辩委员会专家的反感。

3. 报告的中心内容

报告的中心内容包括：①论文的内容、目的和意义。②所采用的原始资料。③论文的基本内容及科研实验的主要方法。④成果、结论和对自己完成任务的评价。在答辩报告中要围绕以上中心内容，层次分明。具体做到：①突出选题的重要性和意义。②介绍论文的主要观点与结构安排。③强调论文的新意与贡献。④说明做了哪些必要的工作。

演讲时，需要注意：①不必紧张，要以必胜的信心、饱满的热情参加答辩。②仪容整洁，行动自然，姿态端正，礼貌周到。汇报开始时要向专家问好，汇报结束时要向专家道谢，体现出良好的修养。③保持眼睛接触。要面向专家，经常用眼镜扫描各位专家。不要一直盯着屏幕，更不能转身看投影。如果害怕和专家眼睛接触，可以看教室的后排。④沉着冷静，语气上要用肯定的语言，是即是，非即非，不能模棱两可。⑤内容上紧扣主题，表达上口齿清楚、流利，声音大小要适中，富于感染力，可使用适当的手势，以取得最佳效果。

4. 结束语和致谢

报告结束前一定要进行致谢。在答辩这种关键时刻，要对导师表示正式而真诚的感谢，感谢答辩专家的指导，欢迎各位专家的提问，使答辩工作顺利进入下一环节。

14.4 如何回答老师的提问

1. 答辩委员会专家可能提出的问题

答辩委员会专家的提问，一般包括：需要进一步说明的问题。论文所涉及的有关基本理论、知识和技能。考察学员综合素质的有关问题。评委可能提出的问题一般来源于：①答辩委员会各专家的研究方向及其擅长的领域。②来自课题的问题。包括选题意义、重要观点及概念、课题新意、课题细节、课题薄弱环节、建议可行性以及对作者所做工作的提问。③论文中的重大缺陷。评委感觉到论文某些部分写得较差，或者观点很有问题，引起评委提问。④论文表达方面的问题。论文书写的规范性、数据来源、重要参考文献等。⑤来自幻灯片的问题。某些图片或图表，需要进一步解释。

不管专家提问妥当与否，都要耐心倾听，记录下来，不要随便打断别人的问话。

2. 如何回答专家提出的问题

对专家提出的问题,首先要正确理解问题,想清楚专家提问的焦点到底是什么。其次组织语言,简洁回答,不要长篇大论。当回答完整、自我感觉良好时,不要流露出骄傲情绪。如果确实不知如何回答,应直接向专家说明,不要答非所问。对没有把握的问题,不要强词夺理,应实事求是地表明自己对这个问题还没研究清楚,今后要认真学习。

总之,答辩中应实事求是、不卑不亢、有礼有节,时刻表现出对专家的尊重和感谢。注意答辩不纯粹是学术答辩,非学术成分大约占一半,要显示出自己各方面的成熟,要证明自己有了学术研究的能力。

 本章思考题

1. 请简要介绍你们的答辩流程。
2. 如何让你的幻灯片符合答辩要求?
3. 你在B站看过别人答辩演讲吗?对你有什么启示?

参 考 文 献

[1] 杜拉宾. 芝加哥大学论文写作指南 [M]. 雷蕾, 译. 北京: 新华出版社, 2015.

[2] 徐有富. 学术论文写作十讲 [M]. 北京: 北京大学出版社, 2019.

[3] 罗爱华. 大学生论文写作基础 [M]. 北京: 中国书籍出版社, 2019.

[4] 武丽志, 陈小兰. 毕业论文写作与答辩 [M]. 2版. 北京: 高等教育出版社, 2020.

[5] 吴秀明, 李友良, 张晓燕. 文科类学生毕业论文写作指导 [M]. 杭州: 浙江大学出版社, 2021.

[6] 陈妙云, 禤胜修. 应用型大学本科毕业论文（设计）写作教程 [M]. 广州: 广东高等教育出版社, 2018.

[7] 格里瑟姆. 本科毕业论文写作技巧 [M]. 马跃, 南智, 译. 2版. 大连: 东北财经大学出版社, 2018.

[8] 缪启军, 等. 毕业论文（设计）指导: 高职经管专业实践学习指南 [M]. 上海: 立信会计出版社, 2012.

[9] 李炎清. 毕业论文写作与范例 [M]. 厦门: 厦门大学出版社, 2008.

[10] 罗爱华. 大学生论文写作导引 [M]. 汕头: 汕头大学出版社, 2021.

[11] 杜永红, 秦效宏, 梁林蒙. 论文写作 [M]. 北京: 清华大学出版社, 2021.

[12] 周淑敏, 周靖. 学术论文写作 [M]. 北京: 清华大学出版社, 2018.

[13] 郭泽德. 写好论文 [M]. 北京: 清华大学出版社, 2020.

[14] 阙祥才. 实证主义研究方法的历史演变 [J]. 求索, 2016（4）: 71-76.

[15] 周大鸣. 文献综述撰写的目的与方法 [J]. 广东技术师范大学学报, 2021, 42（4）: 1-7.

[16] 陈楠. 在线短租特性、消费者感知对消费者使用意愿的影响研究 [D]. 天津: 天津师范大学, 2020.

[17] 丁斌. 创新创业实战教程 [M]. 北京: 机械工业出版社, 2021.

附录　论文规范性问题自查表

论文部分	子项	要求	常见问题和修改建议
总体要求		大学毕业论文要求一般不少于8 000字，具体要求请遵守各学校规定。写作时要注意论文具有正确的政治、思想导向，一定的科学性、知识性、原创性，论文的内容、体例与文字等符合现行规范	8 000字是指从第1章开始到最后一章的内容，不包括图表、摘要、附录、参考文献、致谢的内容。不要涉及政治，不要引用领导人的讲话
排版		总体上按照各学校给出的要求，对每页、标题、内容等排版。一般原则为：二级以上标题居中、三级标题左顶格、正文缩进2字	
封面	总体	每篇论文都需要封面，英文封面内容和中文一致	缺少封面、中英文不一致
	标题	中文不超过25个汉字，一般包含2~3个词组。不能以领域作为标题。毕业论文建议不采用副标题	
	专业领域	所在专业的某个领域	如管理学下面的"生产管理"
	导师姓名	姓名加职称，如张三教授（副教授或讲师）	英文"姓"在前，"名"的几个字连拼放在后，中间一个空格，如Li Songjie
	完成时间	提交论文之前的时间	用阿拉伯数字，如2023年5月18日
	英文封面	A Dissertation for Bachelor's Degree	误用Paper/Thesis代替Dissertation
声明页		需要原创性声明和授权使用声明	手工签名，不要打印名字
摘要		摘取论文精要。一般包括研究背景、目的、方法、内容和主要结论，200~400字。用第三人称写。摘要中应尽量避免采用图、表、化学结构式、非公知公用的符号和术语	摘要就是摘要，不能写成中文摘要、内容摘要、内容提要等。不能包含实质性信息，如某公司年销售额增长25%等
	关键词	一般3~4个，取自论文中研究的领域、方法等。放在摘要页的最底端（可增加空行），关键词之间用空格隔开	不能把策略、研究、标准、改进方案等一般性概念当关键词
	Abstract	内容和摘要完全一致	翻译质量差
	KeyWords	内容和关键词完全一致，放在Abstract页的最底端（可增加空行），关键词之间用逗号或分号隔开	

论文部分	子项	要求	常见问题和修改建议
引言		毕业论文中,不能出现引言。论文从第1章绪论开始	
页码		从声明页到目录的部分,用罗马字编页码Ⅰ、Ⅱ、Ⅲ、Ⅳ、Ⅴ、…从第1章开始到论文结束,用阿拉伯数字编页码	从第1页开始就用阿拉伯数字编页码
目录	章节编号	一般要列出三级目录(章、节、目) 第1章 绪论 　1.1 研究背景与研究目的 　1.1.1 研究背景 　1.1.2 研究目的 注意:章号用数字"1"而不是中文"一",第1章三字之后空一格。章节编号和题目之间,用一个空格隔开。中间不能有"、.-"等符号。二级、三级目录要分别缩进2个空格	建议把章、节、目的题目,定义成标题1、标题2、标题3,使用自动目录编制 尽量不要使用以下编目方式: 第一章 绪论 　第一节 研究背景和研究目的 研究背景 研究目的
	图序 表序	就是图的目录。如论文中图表较多,可以分别列出图序、表序置于目录页之后。图序应有图号、图题和页码。表序应有表号、表题和页码。图序、表序分别单独起新页	
	目下编号	建议用以下两级: 1.2.3.… (1)(2)(3)…	不要用A、B、C。不要用Word中的项目符号如方框、圆点等
	章节标题	各章、节、目的标题,不能和上级标题一样。每章下面至少要有2节,建议3节以上,但不要超过5节。每节下面至少要有2个目,建议3个目以上,但不要超过5个目	各级标题应该是若干短语,如:改进配送方式。不能使用完整句子,如:产品质量得到了提高。不能有"、,"等标点符号、公式。不能用工作报告的语言。整个论文才是一个研究,因此章、节、目的标题中,最好不要出现"研究"字样
	章节内容	每章一般5~10页。每节一般2~4页。每个目一般1~2页。如果各章、节、目内容长度差别过大,建议调整章、节、目划分	第1章内容过少,第2章内容过多。有些节的内容只有几行字,不妥
	章节之后的总结	章节结束的时候,可以有总结,但不需要单独作为一节(或一个目)	
	文题相符	每个章、节、目下面的内容,要围绕其上面的标题来写。比如某一章下面三节的内容,都应是该章标题能涵盖的	
	缩略语	论文中的缩略语,应在第一次出现时解释。不能用非公知的缩略语	如SCM(Supply Chain Management) 避免电信、石油等行业内部缩略语,尽量采用大众能理解的定义

论文部分	子项	要求	常见问题和修改建议
绪论		毕业论文的第1章，只能叫"绪论"，不能叫引言、前言、导言、导论等。章标题用黑体2号字居中	
章开始		每章开始要换一页，建议使用"插入-分页"方式，避免一个地方调整时，带来其他地方页码混乱。每章开始，用一段文字承上启下。这段文字是转换性的，一般3~5行，不能写具体的内容	
图		每个图需要有编号、名称，位于图形的下方。编号规则一般用章号+序号，如"图2-1 供应链结构图"。图和其图号题名，要放在同一页，均居中排版，图表中的外文必须翻译成中文，除非翻译之后改变了其含义，每个图在正文中至少要有一次引用，如图2-3所示	从网上下载或照片模糊不清，打印出来看不见，需要重画。图中的文字过大
表		每个表需要有编号、名称，位于表的上方。编号规则一般用章号+序号，如"表3-1 公司历年主要经营指标"。表和其表号、题名，要尽量放在同一页，均居中排版。每个表，在正文中至少要有一次引用，如见表2-1	如果表格很长，只能分页，要在上一页结尾处用一行注明"待续"，在下一页开始处注明"续表"。超过两页的表，建议作为附录放在致谢的后面。尽量引用最新的数据
页眉		正文中每章上面的页眉不同，需要分别设置	可以用学校的模板，在对应章节拷入自己的内容，避免设置错误
结语		本科论文用结语就可以了，不需要完整的总结与展望。不需要作为一章，1~2页即可	结语应精练、完整、准确，着重阐述自己研究的创造性的成果、新的见解、发现和发展，以及在本研究领域中的地位和作用、价值和意义。还可进一步提出需要讨论的问题和建议
参考文献		参考文献类型：专著[M]，会议论文集[C]，报纸文章[N]，期刊文章[J]，学位论文[D]，报告[R]，标准[S]，专利[P]，论文集中的析出文献[A] 参考文献中的每个标点符号（包括最后那个.）都是有意义的，不能省略 尽量引用权威杂志等文献 尽量引用最近几年的文献 见右边的示例	[1]何龄修.读南明史[J].中国史研究，1998，（3）：167-173. [2]OU J P, SOONG T T, et al.Recent advance in research on applications of passive energy dissipation systems[J].Earthquack Eng，1997, 38（3）：358-361. [3]钟文发.非线性规划在可燃毒物配置中的应用[A].赵玮.运筹学的理论与应用——中国运筹学会第五届大会论文集[C].西安：西安电子科技大学出版社，1996：468. [4]赵天书.诺西肽分阶段补料分批发酵过程优化研究[D].沈阳：东北大学，2013. [5]谢希德.创造学习的新思路[N].人民日报，1998-12-25（10）. [6]王明亮.关于中国学术期刊标准化数据库系统工程的进展[EB/OL]，1998-08-16/1998-10-01.

论文部分	子项	要求	常见问题和修改建议
	文献引用	正文中引用可采用顺序编码制，或采用著者–出版年制。每篇文献，要在正文中至少引用一次	示例（二种标注法选一个就可以了）： [1] 何龄修. 读南明史[J]. 中国史研究，1998，（3）：167-173. 何龄修，1998. 读南明史[J]. 中国史研究，（3）：167-173.
附录		附录放在致谢的后面，可用附录A、附录B……表示，也要编入目录。论文中的调查表（原表），一般放在附录中	

致　　谢

　　在书稿付梓之际，我要向在我写作过程中对我提供帮助的朋友们表示衷心的感谢。

　　首先，要感谢我所在的中国科学技术大学管理学院为我提供了指导学生、思考如何进行论文指导的机会。中国科学技术大学严谨的学风和求知若渴的环境，为我从事科研和教学工作提供了良好的氛围。

　　其次，要感谢我的爱人和女儿清扬的帮助。我的爱人对我无比关心、体贴，让我能集中精力写作。我的女儿认真校对全书，提出了很多细致、专业的建议，正如我几年前对她的博士论文进行文字审核一样。虽然我们专业不同，但我们相互欣赏、相互激励。

　　感谢十多位老师为我提供了不同专业的论文范本。他们是：中国科学技术大学刘和文、张斗国、吕凌峰教授，清华大学王宣喻教授，合肥工业大学余本功、侯伯军教授，上海外国语大学何春燕教授，安徽大学岳威教授，安徽建筑大学陈建利教授，安徽农业大学丁淑荃教授，安徽商贸职业技术学院孙颖苏教授，芜湖职业技术学院郭瑛教授，合肥经济技术学院王懿教授等。

　　感谢安徽理工大学常务副校长余玉刚教授、对外经济贸易大学副校长吴卫星教授、安徽建筑大学校长黄显怀教授、淮北师范大学校长姚佐文教授、合肥师范学院校长李进华教授、池州学院党委书记孙晓峰教授、北京财贸职业学院院长杨宜教授、新华教育集团总裁张明先生等为本书提出的宝贵意见。

　　感谢中国科学技术大学原副校长叶向东院士、复旦大学副校长张人禾院士、合肥工业大学校长郑磊教授、对外经济贸易大学副校长吴卫星教授对本书的推荐。

　　最后，感谢清华大学出版社徐永杰老师为本书的顺利出版付出的辛勤劳动。

教师服务

感谢您选用清华大学出版社的教材！为了更好地服务教学，我们为授课教师提供本书的教学辅助资源，以及本学科重点教材信息。请您扫码获取。

≫ 教辅获取

本书教辅资源，授课教师扫码获取

≫ 样书赠送

公共基础课类重点教材，教师扫码获取样书

 清华大学出版社

E-mail: tupfuwu@163.com　　　网址：http://www.tup.com.cn/
电话：010-83470332 / 83470142　　传真：8610-83470107
地址：北京市海淀区双清路学研大厦 B 座 509　邮编：100084